**나는 남편에게
아파트를 선물했다**

아파트 투자로
부자 아내 되는 법

나는 남편에게
아파트를 선물했다

이진화 지음

유노
북스

경제적으로 독립하겠다는 결심이 인생을 바꿨다

나는 가야금을 전공했다. 중학교 때는 서울의 특수 목적 고등학교에 가기 위해 공부와 악기 연습으로만 시간을 보냈다. 그때는 사춘기를 겪을 시간도 없었다. 서울의 고등학교에 입학하면서 일찌감치 부모와 떨어져 기숙사 생활을 했다.

넉넉지 않은 환경이었지만 좋은 대학교에 과 수석으로 입학했다. 중학교 때는 원하던 고등학교를 가면, 고등학교 때는 원하는 대학교를 가면 인생이 해결될 것 같았다. 이 책을 읽기 시작하는 누구나 같은 마음이었을 것이다. 그러나 대학에 간 후에는 더 큰 산이 기다리고 있었다. 취업이었다.

학생일 때가 제일 좋은 시절이라던 어른들의 말이 맞았다. 대학교에 가서야 그것을 깨달았다. 나는 8살 때부터 12년을 연습과 공부로만 보냈다. 그럼 내가 원하는 세상을 살 수 있을 것 같았는데 현실은 그렇지 않았다. 장학금을 받고 아르바이트를 병행하며 학업을 마친 후 아이들을 가르치는 강사로서 열심히 살았지만, 그것이 내가 원하는 삶은 아니었다. 반복되는 일상, 아무리 열심히 살아도 해결되지 않는 돈 문제가 내 앞을 가로막았다.

나는 이 현실에서 도피하고자 결혼을 선택했다. 27살이었다. 그때의 나는 편하기만 한 결혼 생활을 상상했다. 생각보다 많은 사람이 결혼 후 맞닥뜨릴 돈 문제를 직시하지 않는다. 나 역시 부동산이나 아파트에 대해서 아무것도 몰랐다. 얼마나 몰랐느냐면 전세 자금 대출이 된다는 것도 모르고 순전히 내가 가진 돈으로만 전세를 구할 수 있는 줄 알았다.

결혼해 본 사람들은 알 것이다. 경제적으로 풍족하고 편안한가? 어떨 때는 차라리 혼자 사는 것이 편했을 거라고 생각한 적도 많다. 나는 결혼하자마자 남편과 돈 문제로 전쟁같이 싸웠고 서로를 힘들게 했다.

현재의 나는 미래가 기대된다

'경제적으로 독립하겠다.'

나는 결심했다. 현실은 나를 변하게 했고 지금의 나로 만들어 줬다.

먼저 돈을 모으기로 했다. 출산 직전까지 일을 하고 출산한 지 2개월 만에 일을 다시 하며 악착같이 돈을 모았다. 그러던 어느 날, 우리 부부에게 입주하기 위해 사 놓은 분양권 아파트에 입주를 못 하게 된 일이 생겼다. 아쉬웠지만 아파트를 팔아야 했다. 그 당시 계약금의 5%로 1,500만 원이 들어가 있었고 프리미엄 1,500만 원을 받고 팔았다. 내 통장에는 3,000만 원이 들어왔다. 1,500만 원을 계약금으로 넣어 뒀을 뿐인데 2년 만에 1,500만 원을 번 것이다.

그때 나는 아무리 돈을 벌어도 1,500만 원을 모으기가 힘든데 아파트를 팔았더니 1,500만 원이 생긴 것에 대해 꽤나 혼란스러웠다.

이 경험으로 모든 것이 달라졌다. 우리는 전세를 살고 있었다. 나는 남편에게 월세로 이사하고 남은 전세금으로 아파트 투자를 하자고 제안했다.

'아파트값 곧 폭락한대.'
'이제 아파트로 돈 버는 시대는 끝났대.'
'대형 평수는 무조건 안 돼.'

남편은 내 말보다 주위 사람들의 말에 더 귀 기울여 '유명한 전문가가 그러더라, 친구가 그러더라'면서 아파트 투자를 반대했다. 나의 긴 설득 끝에 남편도 용기를 냈다. 우리는 월세로 이사하고 남은 전세금 1억 원으로 아파트 투자를 시작했다. 2016년이었다. 2020년 지금, 아파트값이 어떤지는 이 책을 읽는 독자들이 더 잘 알 것이다.

나는 남편에게 아파트를 선물했다

나는 1년 만에 남편에게 첫 아파트를 선물할 만큼 인생이 바뀌었다. 주변의 많은 주부가 나에게 이렇게 말했다.

"1억 원이나 있으니까 투자했지, 우린 몇천만 원도 없어."

현재 당신의 전 재산이 1억 원이라면, 그 돈을 모두 아파트 투자에 쓸 수 있는가? 투자에 실패하면 모든 돈을 잃고 처음부터 다시 시작해야 한다. 할 수 있겠다고 말할 사람은 거의 없을 것이다. 나는 하겠다고 했기 때문에 50억 원의 자산을 만들 수 있었다.

내가 부자가 된 데는 남편의 용기도 컸다. 나 혼자만의 돈이 아니라 가족의 전 재산이었기 때문이다. 하지만 '우리는 아직 젊다'는 패기로, '평생 우리 가족을 보호해 줄 파이프라인을 만들겠다'는 의지로 열심히 공부하고 발로 뛰며 자산을 쌓았다.

'내가 경제적으로 독립해야 가족도 행복하다'는 일념이 있는 한, 나는 미래가 두렵지 않다.

당신도 '부자 아내'가
되길 바랍니다

이 책은 이제 막 투자에 관심이 생긴 주부와 초보자가 아파트 투자에 실패하지 않도록 도와줄 가이드다. 투자는 내 재산과 시간을 담보해야 경험을 얻고 성장하고 성공할 수 있다. 하지만 큰돈, 어쩌면 전 재산이 달린 투자에서 많은 사람이 겪지 않아도 될 실패는 피해 가면 좋겠다는 간절한 마음으로 이 책을 썼다.

나는 특히 대한민국의 아내들에게 간절하다. 일과 집안일, 육아에 지친 많은 주부가 현실을 한탄하게 될 때가 있다.

'내가 왜 이렇게 살고 있을까?'
'나는 언제 여유롭게 살 수 있을까?'

이런 고민에는 여지없이 돈 문제가 따른다. 남편과도 '먹고살기 힘들다, 돈이 없다, 월급이 적다'는 문제로 자주 싸우게 된다. 그런데 남편 때문에 힘들어하면서도 재산 관리나 투자에는 관심을 두지 않거나 남편에게 의존적인 아내들이 꽤 많다.

이런 경향은 내 집 문제에서도 나타난다. 집 문제로 남편과 갈등을 빚으면서도 정작 아파트가 폭락한다는 남편의 말은 믿고 따른다. 그저 누군가의 아내, 아이의 엄마로 뒤에만 서 있을 것인가? 그동안 자신의 결정권을 남편에게 넘기고 돈 문제를 회피했다면, 이제는 달라져야 할 때다.

현재 어떤 문제로든 결혼 생활이 힘든가?
가정에서 독립하고 싶은가?

그렇다면 경제력을 키워야 한다.

할 수 있는 일이 한정적인가?
하고 싶은 일을 마음껏 못 하는가?
남편에게도 아이에게도 당당하고 싶은가?

가정은 아내와 남편이 함께 만들어 가는 것이다. 부부는 자신을 위해 서이기도 하지만 서로와 아이, 가족을 위해서 돈을 번다. 지금 돈만 열심히 모아서 부자가 될 수 없다면 어떻게 부부의 수입을 잘 활용할 수 있을지를 고민해야 한다. 당신도 가정을 이끄는 공동 리더로서 계속 성장해야 한다.

대한민국에 사는 아내들이라면 아파트 투자를 빨리 시작해야 한다고
권하고 싶다. 남편의 경제력을 100% 믿지 말자. 부부 중 한 명이 회사를
그만둘 수도 있고 월급이 줄어들 수도 있다. 살면서 생각지 못한 돈 문
제도 생기기 마련이다. 그 뒤에 일어날 일들을 대비할 수 있다는 것은
얼마나 큰 능력이며 행운인가?

꼭 투자자가 되지 않아도 내 집 마련을 위해 아파트 투자 공부는 필수
다. 부동산 중에서도 아파트는 대체로 여자들이 더 살고 싶어 하는 주거
형태다. 전업주부라면 실제로 집을 이용하는 시간이 훨씬 많기 때문에
집을 보고 선택하는 눈도 더 좋은 것이 당연하다. 그곳에 더 오래 머무
는 사람이 가장 좋은 정보를 빨리 얻고 변화 대응을 더 잘할 수 있다. 그
러니 집 문제만큼은 남편들도 의견은 주되 아내의 말을 들어야 한다. 아
내도 남편에게 신뢰를 주기 위해 공부가 필요하다.

이 책은 아파트 중에서도 오르는 아파트를 선택하기 위한 방법을 안
내한다. 왜 아파트 투자를 해야 하는지, 어떻게 하면 돈 걱정 없이 살 수
있는지, 투자 실패를 피하는 노하우는 무엇인지 등 투자가 처음이라도
그 답을 찾을 수 있을 것이다. 아파트 투자는 단타로 돈을 버는 방법이
아니라 내 집 마련부터 노후 대비까지 책임질 든든한 파이프라인을 구
축하는 법이다.

이 책대로만 하면 지금과는 다른 인생을 살 수 있을 것이다.

나와 같이 경제적으로 독립하고 싶은 아내들에게 이 책이 꿈과 용기가 되길 바란다.

이진화

1억 원으로 남편에게 아파트 5채 선물하기

첫 번째 집

2016년 8월 19일 분양권 매수

분양가 450,500,000원

프리미엄 3,000,000원

투자금 48,050,000원

= 분양가**10%** 45,050,000원

  + 프리미엄 3,000,000원

→ 2018년 5월 25일 등기

대출 180,000,000원

전세금 280,000,000원

두 번째 집

2016년 12월 30일

매매가 250,000,000원

전세가 225,000,000원

투자금 28,000,000원

= 갭 25,000,000원

  + 취득 비용 3,000,000원

세 번째 집

2017년 12월 11일

매매가 330,000,000원

대출 260,000,000원

투자금 74,000,000원

= 우리 부부가 거주하던 월세 보증금 50,000,000원

  + 취득 비용 4,000,000원+20,000,000원

네 번째 집

2017년 1월 10일

매매가 158,000,000원

전세가 150,000,000원

투자금 10,000,000원

= 갭 8,000,000원

　+ 취득 비용 2,000,000원

다섯 번째 집

2019년 4월 10일

매매가 331,210,000원

첫 번째 집 전세 오른 금액 100,000,000원

전세가 250,000,000원

투자금 0원

첫 번째 집	48,050,000원
두 번째 집	28,000,000원
세 번째 집	20,000,000원
네 번째 집	10,000,000원
다섯 번째 집	0원
=총	106,050,000원

1장
나는 남편에게
아파트를 선물했다

아파트 투자를 해야만 하는 이유

2장
돈 걱정 안 하는
부자 아내로 사는 법
경제적 독립의 첫걸음

3장

투자 초보도
이것만 지키면 실패 없다

아파트 투자의 기본과 원칙

4장
꾸준히 좋은 아파트 사는 내공 기르기

아파트 투자 공부

5장

돈 되는 아파트
내 집으로 만들기

가격이 흔들리지 않는 아파트의 비밀

6장
아내가 고른 아파트가 살기 좋다

안정과 수익을 동시에 잡는 법

7장

부린이 주부에서
투자 고수로

아파트 투자 실전 노하우

1장

나는 남편에게
아파트를 선물했다

아파트 투자를 해야만 하는 이유

화폐 가치는
매일 떨어지고 있다

어떤 사람은 투자도 재능이라고 말한다. 그런데 공부에 재능이 있는 사람만 학교를 다니고 재능이 없는 사람은 학교를 다니지 않았는가? 내가 재능이 있든 없든 학교를 다니고 내가 시험공부를 하든 안 하든 내 점수와 등급이 정해진다. 사회생활에서도 마찬가지다. 재능이 있든 없든 일을 하고 돈을 번다. 자본주의 시대에 돈, 재테크, 투자는 당연히 알아야 한다.

사람들은 빨리 부자가 되길 원한다. 그래서 주식, 부동산, 펀드 등을 공부하고 투자한다. 하지만 자본주의 자체를 공부하는 사람은 많지 않다. 주식, 부동산 등에 투자하면서 자본주의를 이해하지 못한다면 '소

귀에 경 읽기'다. 자본주의를 이해하면 돈을 무엇으로 어떻게 버는지 알 수 있다.

자본주의는 '교환'에서 시작한다. 원시 시대에도 교환이 있었다. 식량, 의복, 가축 등 물물을 교환하는 시대였다. 자본주의에서는 교환하던 물건이 화폐로 변했다. 교환의 수단이 화폐로 바뀌면서 거래가 쉬워졌고 세상도 빠르고 편하게 바뀌었다. 결국 자본주의 사회에서는 교환만이 길이다. 교환을 얼마나 빨리, 어디에 할 수 있는지가 중요하다. 당신은 일하고 받은 월급을 손에 쥐고 있는가? 아니면 교환하고 있는가?

현금 아닌 자산이 필요한 이유

물가는 왜 오를까? 돈의 양이 많아지기 때문이다. 그럼 돈의 가치가 떨어진다. 돈의 가치가 떨어지므로 물가가 오른다. 이것이 자본주의에서 말하는 돈의 특성이다. 바로 인플레이션이다. 2000년도의 1억 원과 2020년도의 1억 원은 돈의 가치가 다르다. 왜 자본주의 사회에서는 돈의 양을 늘릴 수밖에 없을까?

EBS에서 방송된 〈자본주의〉 1부 '돈은 빚이다'에서 이런 이야기가 나온다.

'외부와 단절된 섬이 있다. 섬에는 중앙은행 A, 시민 B, 시민 C가 산다. 중앙은행 A가 발행한 돈은 1만 원뿐이다. 시민 B가 중앙은행 A에 연이율 5%로 1만 원을 빌린다. 시민 B는 1년 뒤 1만 500원을 갚아야 한다. 시민 B는 1만 원을 갖고 시민 C에게 배를 사서 열심히 고기 잡는 일을 한다. 1년 뒤 시민 B는 중앙은행 A에게 1만 500원을 갚을 수 있을까?

갚을 수 없다. 섬에는 1만 원밖에 없기 때문이다. 이자를 낼 500원이 없다. 시민 B가 이자를 갚으려면 중앙은행 A가 500원을 발행해야 된다. 그리고 그 돈을 누군가가 대출해야 한다. 그럼 또 이자가 발생한다. 누군가는 빌린 돈의 이자를 갚을 화폐가 있어야 한다. 중앙은행 A는 끊임없이 돈을 발행할 수밖에 없다.'

이렇듯 인플레이션이 계속되는 자본주의 사회에서 화폐 가치는 점점 떨어진다. 현금만 모은다면 가만히만 있어도 저절로 가난해지는 것이다. 인플레이션을 대비하려면 은행에 현금을 맡겨 두기만 해서는 안 된다. 돈과 물가는 서로 떨어질 수 없는 관계다. 그렇다면 우리는 물가 상승률을 능가하는 수익을 낼 수 있어야 한다. 투자는 필수다.

자본주의 사회에 사는 우리는 항상 시중 통화량과 유동 자금에 관심을 기울여야 한다. 통화량이 늘어나면 실물 자산으로 돈이 모인다. 우리나라에서 안전한 실물 자산은 무엇인가? 바로 부동산이다. 부동산 중에서도 아파트다. 땅은 사고팔기가 어렵다. 환금성이 떨어진다. 아파트는 입지만 괜찮다면 팔기가 어렵지 않다. 그리고 은행에서 아파트를 담보로 대출도 잘 해 준다. 은행에서 보기에도 아파트는 가장 안전한 보증 수단이다.

은행은 아파트를 담보로 사람들이 저축한 돈을 대출해 준다. 담보 대

출의 이자로 은행은 수익을 만든다. 정부는 마음만 먹으면 화폐를 찍어
내고 유통할 수 있다. 시중에 돈이 풀리는 시간은 금방이다. 하지만 아파
트를 건설하는 데는 시간이 많이 걸린다. 아파트는 부족한데 통화량이
늘어난다는 뜻이다. 이런 상황에서 아파트의 가격은 오를 수밖에 없다.

　수익을 능가할 투자 방법은 바로 아파트다. 돈의 가치가 떨어지면 물
건의 가치가 높아지기 때문이다. 물가 상승을 방어하기 위해서는 실물
자산에 투자해야 한다. 아파트는 물가 상승률 정도라도 오를 수밖에 없
다. 지역과 시기에 따라 오르내리는 폭은 조금씩 다르지만 평균적으로
오른다.

아파트값만 오른다고 오해하는 사람들

아파트값은 왜 오를까? 돈의 양이 많아지면 화폐 가치가 떨어지고 물가가 오른다. 물가는 은행 이자가 낮을 때 오르는데, 은행 이자가 낮으면 시중에 돈이 많이 풀리기 때문이다. 정부가 경제와 기업을 살리기 위해 저금리를 유지할수록 물가는 계속 오른다. 그래서 아파트를 짓는 데 드는 자재 값, 인건비 등도 오른다.

물가 상승은 우리 생활에서 쉽게 느낄 수 있다. 예를 들어 지금은 라면을 1,000원에 살 수 있다. 하지만 내년에는 라면의 값이 더 오른다. 지금의 1,000원과 내년의 1,000원은 다르다. 이런 저금리 시대에 은행에 저축만 하거나 금융 상품에만 투자하며 현금을 갖고 있는 것은 시작부터 손해라고 할 수 있다. 부자들은 저금리 시기에 대출을 받아 실물 자산에 투자한다.

많은 사람이 아파트값은 떨어지길 원하면서 내 월급은 오르길 바란다. 내 월급이 오르면 물가는 더 오른다. 그러니 아파트값이 떨어지길 기다리지 말자. 대신 월급으로 물가 상승률을 넘어설 물건과 교환하자. 그 물건은 '오르는 아파트'다.

유독 아파트값만 귀에 들어오는 이유

우리는 쓸 수 있는 돈에서 가장 큰 비중을 차지하는 재화일수록 그 가격에 민감해진다. 예를 들어 마트에서 두부는 부담 없이 산다. 쓰는 돈이 작기 때문이다. 냉장고를 산다고 하자. 냉장고는 두부처럼 살 수 없다. 인터넷에 검색해 보고 매장도 여러 곳을 둘러보며 제품부터 가격까지 까다롭게 비교한다. 두부보다 냉장고가 소비에서 더 큰 비중을 차지하기 때문이다.

그럼 아파트는 어떤가? 아파트를 살 때는 내가 가진 거의 모든 돈을 들여야 한다. 게다가 아파트는 가격의 등락 폭도 크다 보니 제일 민감할 수밖에 없다. 소비의 비중이 큰 재화일수록 가격의 등락 폭이 크다. 두부 가격보다 냉장고 가격이, 냉장고 가격보다 아파트 가격의 등락 폭이 더 크다.

아파트의 가격은 하루 사이에도 몇천만 원씩 오르내린다. 하지만 실제로 우리나라 아파트 가격은 물가 상승률보다 더 오르지 않았다. 아파트가 차지하는 소비의 비중과 등락 폭이 크기 때문에 아파트값만 많이 오른다고 착각하는 것이다. 우리는 물건의 가격이 떨어졌을 때보다 올랐을 때 더 민감해진다.

쌀 파동으로 쌀값이 폭등했을 때 사람들은 '이제 뭐 먹고 사나', '이제 밥 못 해 먹고 살겠다' 하며 난리가 났다. 하지만 쌀 가격이 떨어질 때는 별 반응이 없다. 아파트도 마찬가지다. 전세금이 떨어졌다는 소식에는 '그런가 보다' 한다. 하지만 전세금이 올라 세입자가 쫓겨났다는 소식에는 신경을 곤두세운다. 사람들은 쌀보다 집에 더 민감하기 때문이다.

아파트값만 오르는 것 같은 또 다른 이유는 가격 차별화가 심하기 때문이다. 지역에 따라, 지역 내에서도 어떤 아파트냐에 따라 가격이 다르다. 또 오르는 곳은 많이 오르고 오르지 않는 곳은 기미가 안 보이기도 한다. 서울 아파트 가격은 많이 오르는데 다른 도시의 아파트 가격은 많이 오르지 않은 것처럼 말이다.

뉴스와 신문 기사에서는 서울 아파트값이 얼마나 많이 올랐는지를 핵심으로 다룬다. 집값이 거의 변함없는 지역과 아파트는 기사화되지 않는다. 이런 뉴스와 기사만 접한다면 아파트만 오른 것 같아 보인다. 그러니 우리는 서울의 아파트 가격 상승을 전국의 아파트값 상승으로 오해할 수 있다.

'그때 샀어야 하는데' 후회 말고

그럼 왜 사람들은 그동안 투자하지 않았을까? 왜 지금도 투자하지 않을까? 우리 부모 세대는 '옛날 우리 동네 땅값이 평당 몇백 원, 몇천 원이었다'고 아쉬워한다. 모든 사람이 몇십 년 뒤에 이렇게 똑같이 생각하고 후회할 것이다.

그 당시에는 월급이 몇만 원밖에 되지 않았다. 평당 몇백 원, 몇천 원의 땅을 사기에는 그때도 큰돈이었다. 몇십 년 전에도 집을 사려면 대출을 받아야 했고 저축이 필수였다. 그런데 그 가격이 너무나 쌌다는 걸 지금 와서야 느끼는 것이다.

현재도 마찬가지다. 아파트 가격이 비싸 보이지만 몇십 년 뒤에는 싼 가격일 수 있다. 아파트가 오른 것이 아니다. 돈의 가치가 떨어진 것이다. 월급도 마찬가지다. 월급이 오른 것이 아니다. 물가가 오른 것이다. 그러니 연봉이 올라도 생활은 계속 힘든 것이다.

그러므로 자본주의 사회에 사는 우리는 자본의 움직임을 공부해야 한다. 돈의 양이 많아지고 화폐 가치가 떨어지면서 물가가 올라간다는 사실을 안 사람들은 지금 부자가 됐다. 일찌감치 공부했고 깨달았기 때문에 먼저 부자가 되는 것은 당연한 이치다.

물가 상승률을 반영하는 입지 좋은 아파트는 '언제 얼마나 빨리 소유했느냐'가 중요하다. 집은 다른 재테크와 다르게 '거주'라는 실용적 가치가 있다. 일각에서는 소득 범위 내에서 집을 사야 한다고 주장한다. 이는 소득으로 주거 계층으로 나누겠다는 말과 같다. 소득이 많은 사람은 고가 아파트에 살아야 하고 소득이 적은 사람은 저가 아파트에 살아야 한다는 것이다. 하지만 우리는 소득이 적어도 재테크로 부자가 될 수 있는 세상에 살고 있다.

인구가 감소해도
아파트값은 안 떨어진다

아파트를 사지 않거나 아파트 투자를 하지 않는 사람들은 나름 이유가 있다. 그중 하나는 본인이 아파트를 사고 가격이 떨어질지도 모른다는 두려움이다. 두려움의 가장 큰 이유는 '인구가 감소하니까 가격이 떨어진다'는 것이다. 돈이 없거나 부족해서 못 사는 것보다 집값이 떨어질까 봐 못 사는 경우가 더 많다. 아파트 가격이 100% 오른다고 하면 안 살 사람이 어디 있을까?

인구가 아파트 가격에 영향을 전혀 주지 않는다고 할 수는 없다. 인구가 늘어나면 호재고 인구가 줄어들면 악재인 건 맞다. 하지만 인구가 늘어나면 무조건 가격이 오르고 인구가 줄어들면 무조건 가격이 내려가는 것은 아니다.

아파트 투자에서 중요한 것은 인구의 수가 아니라 집을 구하는 인구의 수다. 바로 가구 수가 중요한 것이다. 가구 수란 '현실적으로 주거 및 생계를 같이하는 사람들로 이뤄진 집단의 수'다. 우리나라는 인구는 줄지만 가구는 꾸준히 증가하고 있다.

인구수가 아닌 집이 필요한 가구 수가 중요

시간이 흐를수록 비혼자도 많고 평균 초혼 연령도 늦어진다. 2010년도에 남자 31세, 여자 28세였다면 2019년도에는 남자 33세, 여자 30세다. 이들이 30년을 넘게 부모와 살아도 언젠가는 독립해서 살 주택이 필요하다. 결혼한 사람들도 결혼 비용이 많든 적든 둘이 함께 살 집이 반드시 필요하다.

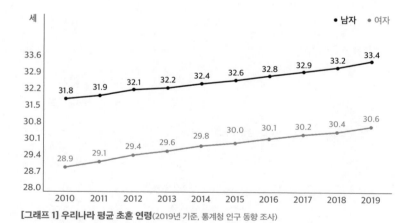

[그래프 1] 우리나라 평균 초혼 연령(2019년 기준, 통계청 인구 동향 조사)

통계청 자료에 의하면 2010년에는 약 32만 건의 혼인 신고가 있었다. 2019년에는 약 23만 건의 혼인 신고가 있었다. 2010년부터 2019년까지 혼인 건수가 지속적으로 조금씩 줄었어도 매년 평균 약 25만 쌍이 결혼을 한다고 볼 수 있다. 아직 혼인 신고를 하지 않은 예비 부부까지 더하면 실제 혼인 건수는 더 늘어난다. 월간 약 1만 가구, 연간 최소 25만 가구의 집이 필요하다고 볼 수 있다.

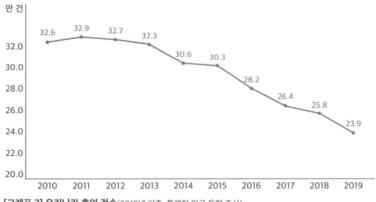

[그래프 2] 우리나라 혼인 건수(2019년 기준, 통계청 인구 동향 조사)

헤어지거나 별거하는 부부도 많다. 2010년부터 2019년까지 약 10년간 이혼은 평균 11만 건으로 유지됐다. 이렇다면 1년에 최소 11만 가구가 필요하다. 이혼하는 연령대는 신혼부터 중년까지 다양하다. 부부가 이혼하는 순간 아이가 없다면 2인 가구부터 아이가 있다면 3인 가구에서 많게는 5인 가구가 따로 살게 된다. 이혼을 하면 보통 부모의 집에 다시 들어가지 않고 독립해서 산다. 자녀가 어릴 경우는 부모 중 한 명과 같이 살겠지만 성인 자녀는 따로 살 가능성이 높다.

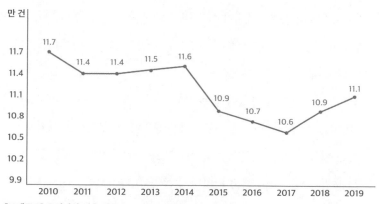

[그래프 3] 우리나라 이혼 건수(2019년 기준, 통계청 인구 동향 조사)

매년 평균 혼인이 25만 건이고 이혼이 11만 건이다. 이 둘을 합치면 37만 건이다. 매년 결혼과 이혼으로만 약 37만 가구가 필요한 것이다. 이 사람들에게 돈이 있든 없든 집은 필요하다. 전세든 월세든 자가든 집은 반드시 있어야 한다.

많은 사람이 인구가 줄어든다는 이유로 집을 구매하지 않지만 주택은 오히려 부족하다. 결혼과 이혼 말고도 집이 필요한 사람들은 더 있기 때문이다.

우리나라는 대가족 형태였다. 조부모, 부모, 자녀까지 3대가 한 집에서 살기도 했다. 지금은 소가족, 핵가족 시대다. 이제는 1인 가구도 많다. 결혼한 자녀든 결혼하지 않은 자녀든 부모 집에서 같이 살던 예전과는 달리 30대, 40대 이전에 독립을 한다. 부부와 자식들이 각자 살 집이 필요하다면 4인 가족은 3개의 집이 필요한 것이다. 직장 등의 이유로 주말부부인 가정은 4인 가구에 4개의 집이 필요하다. 이렇다 보니 소형 평수를 선호하는 정도가 높아졌다.

아파트의 사용자는 가정이다. 부부와 자녀 2명이 사는 4인 가구 중 자녀 1명이 출가한다고 나머지 3명이 사용해야 하는 텔레비전, 세탁기, 소파 같은 가구를 버리지는 않는다. 아파트도 마찬가지다. 가족 중 1명이 그 집에 살지 않는다고 해서 이사하지 않는다. 아파트는 개인이 사용하는 단위가 아닌 가정이 사용하는 단위이기 때문이다.

우리나라 전체 인구가 감소해도 지역별로 인구가 늘어나는 곳은 주택이 부족하다. 서울과 수도권에는 일자리가 많고 교통, 편의 시설, 관공서 등 대부분의 시설이 몰려 있다. 대학 병원과 대기업이 있는 지역을 보자. 그 지역은 아파트값이 떨어지지 않는다. 소득이 높은 사람일수록 출퇴근에 많은 시간을 쓰지 않는다. 직장 근처에서 살기 때문이다. 그 지역의 주택 수요가 많아지니 가격이 오르는 것이다.

서울과 수도권의 가구 수는 점점 더 늘어나고 있다. 많은 사람이 서울권 대학교에 입학하길 원하고 대학을 졸업해서도 계속 서울에 살고 싶어 한다. 한번 서울에서 살면 지방으로 내려가기가 힘들다. 친구들도 직장도 서울과 수도권에 있어서다.

한편 한번 지방으로 가면 다시는 서울로 올라오지 못할 것 같은 불안감도 있다. 사업도 사람이 많은 곳에서 더 잘된다. 그래서 인구가 많은 서울과 수도권에는 계속 사람이 모이고 인구가 없는 지방은 사람이 더 없어지는 것이다.

외국인의 증가도 한몫한다. 2018년 기준 우리나라 외국인 등록 인구가 약 125만 명이다. 외국인 등록 인구란, 대한민국에 3개월 이상 체류하기 위해 외국인 등록부에 등록한 외국인의 수를 말한다.

차가 없어도 편하게 다닐 수 있는 대중교통과 빠르고 깨끗한 지하철, 집 앞에 자리한 편의 시설, 빠른 배달과 택배 서비스로 외국인들은 우리나라에 오면 생활이 편리하다고 느낀다.

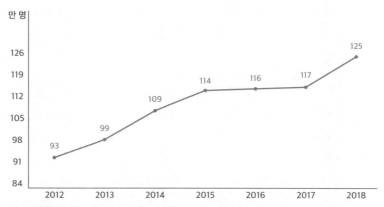

[그래프 4] 우리나라 외국인 등록 인구(2018년 기준, 통계청 인구 동향 조사)

결국 주택은 인구수가 아니라 가구 수가 중요하다. 우리나라의 인구가 줄어든다고 해도 도심의 아파트 가격은 오를 것이다.

나는 남편에게 아파트를 선물했다

아파트의 3가지 가치

    주식, 부동산, 저축, 펀드, 비트코인, 외환 거래, 선물 옵션, 채권 등 수많은 재테크가 있다. 어떤 종목을 얼마나, 어떻게 하든 재테크를 하든 안 하든 온전히 개인의 자유다.

    하지만 아파트는 다르다. 당신이 아파트 투자를 하지 않아도 이익과 손해를 본다. 집은 의식주 중 하나로 반드시 필요하다. 당신이 아파트와 상관없다고 길바닥에서 잘 수는 없다. 당신은 살아야 할 집이 필요하다. 자가든 전세든 월세든 당신이 사는 집은 값이 오르거나 떨어진다. 당신이 투자에 참여하지 않아도 말이다. 그래서 손해 보고 싶지 않다면 아파트 투자를 해야 한다.

아파트 투자는 시세 차익을 볼 수 있고 현금 흐름도 만들 수 있다. 아파트의 최고 장점은 직접 이용할 가치가 있다는 것이다. 내가 직접 거주할 수도 있고 전세나 월세를 줄 수도 있다. 가격 하락이 심하지 않은 것도 장점이다. 본업에 충실해야 하는 사람, 부업을 원하는 주부가 투자하기 좋다. 하루에 몇 차례씩 매매 가격을 확인하며 신경을 쓰지 않아도 된다. 장기간 투자할 수 있는 사람이라면 누구나 할 수 있다.

부동성, 부증성, 영속성

아파트의 특성을 알면 왜 아파트에 투자해야 하는지 알 수 있다. 부동산은 3가지 특성이 있다. 부동성(不動性), 부증성(不增性), 영속성(永續性)이다.

부동성은 '움직이지 않는다'는 뜻이다. 움직이지 않기 때문에 개별적이다. 이런 특성으로 투자 매물을 보려면 현장에 직접 찾아가야 한다.

부증성은 '임의로 증가시킬 수 없다'는 뜻이다. 갑자기 바다가 땅이 되지 않는 이상 인간이 살아가는 땅은 한정적이다. 돈은 찍어 내면 되고 금은 어디선가 캐면 나오겠지만 땅은 그렇지 않다.

영속성은 '계속 이용하고 사용해도 소멸되지 않는다'는 뜻이다. 모든 재화는 한정돼 있다. 하지만 토지의 생명은 한정돼 있지 않다. 재건축과 재개발이 인기가 많은 이유도 영속성 때문이다. 건물이 오래되면 그 토지에 새로운 건물을 계속 지을 수 있다.

우리나라는 산, 강을 제외하고 사람이 실제로 사용할 수 있는 면적이 작다. 결국 '사람'이라는 수요 대비 '땅'이라는 공급이 부족한 것이다. 이런 특성은 땅을 소유하는 것만으로도 그 가치가 크다. 하지만 땅을 소유했다고 다 같은 땅이 아니다. 땅은 지역적으로 개별성을 갖는다.

예를 들어, 우리나라에서 돼지 전염병으로 돼지가 많이 죽는다면 돼지고기가 부족해져서 가격이 상승한다. 정부는 돼지고기를 수입하는 등 여러 대책을 마련한다. 수입 돼지고기가 시장에 나오고, 전염병이 사라지면서 돼지고기 가격은 안정된다.

주택은 어떨까? 돼지고기 가격은 원산지보다 품질과 중량에 기준을 둔다. 하지만 주택은 크기와 품질이 같아도 지역에 따라 가격이 달라진다. 주택은 땅, 즉 토지를 바탕으로 짓기 때문이다. 그러니 똑같이 설계된 아파트라도 서울과 지방의 값이 다른 것이다.

아파트 투자만의
장점

아파트는 투자자의 노력만큼 이익이 난다

투자할 때 반드시 고려해야 하는 3가지가 있다. 바로 수익성, 안전성, 환금성이다.

- 수익성: 투자를 하면 얼마나 이익이 생기는가?
- 안전성: 투자 원금을 잃지 않을 만큼 안전한가?
- 환금성: 내가 돈이 필요할 때 투자금을 쉽게 현금화할 수 있는가?

아파트는 수익성과 안정성이 높다. 단 수익성은 '장기간 투자한다'는 조건이 붙는다. 안정성은 '묻지마 투자'만 하지 않는다면 원금을 잃을 일은 없다. 가격이 떨어져도 내가 팔기 전까지는 손해가 아니다. 주식처럼 갑자기 폭락하거나 휴지 조각이 되는 일이 없다.

아파트는 투자금이 100% 없어도 투자할 수 있다. 은행에서 쉽게 담보 대출을 받을 수 있고 세입자의 전세금을 레버리지로 투자할 수 있다. 전세금은 2~4년의 기간 안에 세입자가 나가지 않는 이상 돌려줄 일이 없다. 게다가 무이자다.

대출을 받아 투자했다고 가정하자. 어떤 투자에서도 과도한 대출은 조심해야 한다. 주식 투자를 했는데 손실이 났다면 이익이 날 때까지 무한정 기다려야 하거나 대출금을 잃어야 한다. 하지만 아파트 투자에서는 손실이 났다면 전세를 줘서 전세금으로 대출금을 갚거나 월세를 줘서 일단 이자를 감당할 수 있다.

아파트는 위기가 와도 물건의 가치를 높여 기회로 바꿀 수 있다. 주식과 펀드는 가격이 떨어지는 상황에서 내가 할 수 있는 일이 없다. 손절매하거나 원금으로 돌아올 때까지 계속 들여다보며 기다리는 방법뿐이다. 반면 아파트는 오래됐다면 저렴하게 매수해서 리모델링하는 등 공간을 바꿔 가치를 높인 후 매도할 수 있다.

부동산은 개인과 개인의 거래다. 어느 정도 정해진 선이 있지만 매도자나 매수자와 협상해서 가격을 조정할 수 있다.

예를 들어 적금을 들 때는 은행에서 정한 금리를 내 마음대로 조정할 수 없다. 대출 금리는 은행에서의 조건에 따라 0.5% 정도만 조정할 수 있다. 주식과 펀드에서도 가격 조정은 생각도 못할 일이다. 그러나 아파트는 타이밍과 상대방의 심리를 잘만 파악하면 가격을 조정할 수 있다. 몇백만 원에서 몇천만 원까지 조정이 가능하다는 것이다.

아파트는 강제 저축 효과가 있다

먼저 집주인의 이야기를 하겠다. 앞서 투자의 3요소로 수익성, 안전성, 환금성을 설명했다. 이 중 아파트의 약점은 환금성이다. 내가 팔고 싶을 때 팔 수 있어야 환금성의 가치를 지닌다. 주식 투자는 내가 사고 싶을 때, 팔고 싶을 때 바로 매매할 수 있다. 사람들은 현금으로 쉽게 바꿀 수 있는 예적금 같은 금융 자산을 좋아한다. 그런데 아파트는 내가 원하는 시기에 사거나 팔 수 없다. 특히 매도할 때 집을 사려는 사람이 없다면 절대 팔 수 없다.

아파트 투자의 이런 점으로 성격이 급하고 귀가 얇은 사람은 강제로 저축할 수 있다. 충동 때문에 하루아침에 전 재산을 날려 버릴 행동을 막는 안전장치가 된다. 입출금이 자유로운 통장에 돈이 있으면 어떤가? 금방 현금은 사라지고 통장은 텅 빈다. 쉽게 돈을 써 버리는 습관이 있는 사람은 돈을 쉽게 찾지 못하게 묻어 두는 것도 좋은 방법이다. 이렇게 내 돈을 보호하는 것이 자기 자신을 보호하는 것이다.

주위를 보면 주식에 투자한 사람들이 부자인가, 아파트에 투자한 사람들이 부자인가? 아파트로 부자가 된 경우가 많다. 당신에게 10억 원이 생겼다고 해 보자. 주식에 투자하던 사람도 10억 원을 전부 주식에 투자하지 않을 것이다. 주식 고수들도 돈을 벌면 아파트를 생각한다.

왜 주식을 하는 사람들도 최종 목표는 아파트일까? 주식으로 성공한 사람이 많지 않은 이유는 진득하게 기다리기 힘든 사람의 심리 때문이다. 아무리 차분하고 신중한 사람도 매일 흔들리는 차트를 보면 불안해지는 것이 당연하다. 내 재산이 걸려 있기 때문이다.

이제 세입자 입장을 이야기해 보자. 우리가 죽을 때까지 쓸 돈이 풍족하면 미래에 대한 걱정이 없다. 하지만 사람들 대부분은 노후까지 걱정 없는 직장도 수입도 없다. 그래서 100세 시대의 노후를 위해 열심히 저축하거나 투자한다. 투자를 하려면 저축을 먼저 해야 하는데 현실에서는 저축조차 버겁다. 당장 쓸 돈도 없는데 어떻게 저축을 할 수 있겠는가 말이다.

내가 스스로 저축하기 힘들다면 누군가가 강제로 저축해 주는 건 어떤가? 그 누군가는 '집'이다. 반드시 강제로 저축해야 할까? 당연하다. 서울이나 수도권에서 거주한다면 강제로 저축해야 한다. 현재에도, 노후에도 우리의 소비에서 가장 큰 비중을 차지하는 것은 주거 비용이기 때문이다.

전세로 살고 있다고 해 보자. 2~4년 뒤에 전세금 5%를 올려 주거나 집 주인이 직접 거주한다고 하면 그 집에서 나와 다른 곳으로 이사를 가야 한다. 그 전세금을 올려 주기 위해서 우리는 어쩔 수 없이 강제 저축을 하고 있다. 이제는 2~4년 뒤가 중요하다. 저축한 전세금을 다시 전세금으로 쓸 것인가? 안 된다. 기존의 전세금과 저축된 전세금으로 집을 사야 한다. 그럼 더 큰 돈을 강제 저축할 수 있다.

당장 내 집이
필요하다

    보통 첫 아파트 투자는 내 집 마련으로 시작된다. 누군가는 투자할 집을 먼저 사고 나중에 실거주할 집을 사기도 하겠지만 내가 살 집보다 투자할 집을 먼저 사기란 쉽지 않다. 지금 내 집 마련을 하는 사람들은 가족이 편하게 살 집을 찾는다.

    집을 보기 전에 알아야 할 점들을 공부해 두면 현장에서 많이 배울 수 있다. 내 집 마련 전에 투자할 집을 산다면 자칫 내가 살 집이 아니라는 생각에 고려해야 할 요소를 빠뜨리기도 한다. 그러므로 투자할 집을 먼저 살 때도 '나중에 내가 살 수도 있다'는 생각으로 집을 선택해야 한다.

내 집 마련은 안정감과 자존감을 높인다. 누구의 눈치와 간섭 없이 살 수 있는 편안함, 전세금이나 월세금을 신경 쓰지 않아도 되는 안정감, 스스로 내 집을 고르고 사는 데서 오는 자존감이 내 집 마련의 큰 장점이다.

처음 집을 살 때는 집을 알아보는 것부터 입주 이사까지 모든 과정이 소중한 경험이 된다. 집 장만을 한 번 경험해 보면 다음 집을 마련할 때나 투자할 때 자신감이 생긴다. 내 집 마련이 아파트에 대한 안목을 점점 넓히고 경험을 쌓고 투자를 더 잘하는 밑거름이다.

의미 없는 집값 걱정

돈이 없어도 내 집 마련을 못 한다고 하지만 돈이 있는데도 내 집 마련을 못 하는 사람들도 있다. 왜일까? 내가 산 집이 떨어질지도 모른다는 불안감에 못 사는 것이다. 이런 사람들은 사랑하는 가족이 편하고 안정적으로 사는 것보다 없어질지도 모를 돈을 먼저 생각한다. 그리고 아파트 가격이 떨어질 수 있다는 걱정에 전세나 월세를 살면서 집값이 오르면 '또 올랐다'고 정부나 집주인을 욕한다. 다주택자를 돈만 밝히는 투기꾼으로 본다.

그런데 진짜 돈만 생각하는 사람은 누구인가? 바로 세입자다. 내 가족의 편안함보다 돈을 먼저 생각해서 집을 안 사는 것 아닌가? 집을 사면 내 돈이 어디 갈까 싶어서 전전긍긍하지 않는가?

아파트값이 비싸서 내 집 마련을 못 하는 경우도 많다. 그런데 집값이 쌀 때가 있었을까? 생각해 보면 집값은 항상 비쌌고 지금도 비싸다. 상승장에서는 가격이 너무 오른 것 같아 더욱 비싸 보인다. 하락장에서는 앞으로 더 떨어질 것 같다. 그럼에도 어느 때든 지금 가격은 여전히 비싸게 느껴진다. 특히 내가 살고 싶은 지역과 아파트는 더욱더 비싸게 느껴지기 마련이다. 그래서 집을 사는 데는 결단이 필요하다. 지역에 따라 가격 편차도 심해 구매하기가 점점 어려워지기 때문이다.

집값이 오르지도 않고 떨어지지도 않으면 어떻게 될까? 그럼 아파트를 언제 구매할지 고민하지 않아도 된다. 냉장고가 고장이 났다면 당장 구매해야 한다. 이때 내가 살 냉장고가 가격이 오를지 떨어질지 생각하는가? 아니다. 그러니 냉장고 구매에 시기를 재는 사람은 없다. 그리고 냉장고는 사자마자 가격이 떨어진다는 것을 누구나 알고 있다.

집은 다르다. 냉장고는 내가 필요하면 매장에서 바로 살 수 있지만 집은 아무 때나 살 수 있는 상품이 아니다. 집은 냉장고처럼 공장에서 뚝딱 만들어 낼 수 없다. 최소 2년에서 3년은 걸린다. 같은 브랜드의 아파트라도 지역마다 가격 편차도 크다.

냉장고와 집의 차이점은 '땅'이다. 땅은 영원하다. 냉장고는 오래 쓰면 나중에는 폐가전이 된다. 아파트는 오래되면 감가상각으로 가치가 떨어지지만 토지 가치는 더 높아진다. 이런 점들이 사람들에게 집을 사는 데 큰 두려움으로 다가온다.

집값이 오를까 봐 걱정하는 사람들은 집이 없다. 집값이 내려갈까 봐 걱정하는 사람들은 집이 있을 것이다. 집을 사도 걱정이고 집을 많이 사도 걱정이라면 일단 내가 살 집 한 채만 장만하자. 내가 살 집 한 채도 값이 떨어질지 모른다고 걱정할 수 있다. 하지만 당신의 집 시세가 떨어지면 같은 동네 다른 집 시세도 같이 떨어진다. 당신의 집 시세가 오르면 같은 동네 다른 집 시세도 오르는 것은 크게 문제가 아닌 듯하다. 집 한 채 있는 사람은 무주택자와 다주택자보다 더 여유롭다. 집값 걱정은 일단 내가 마음 편하게 살 보금자리를 마련하고 해도 늦지 않다.

절대 세입자로 살지 마라

전세로 살든 월세로 살든 매달 돈은 나간다. 요즘은 전세 자금 대출을 받아 내가 가진 돈과 합쳐 전세를 얻는다. 그럼 전세 자금 대출에 대한 이자가 나간다. 내가 가진 돈은 대개 전세 계약 기간 동안 묶이기 때문에 그 돈은 기회비용을 잃는다. 전세 자금 대출에 대한 이자를 내고 전세금으로 낸 내 돈의 가치까지 떨어지니 전세 만기 뒤에 전세금을 그대로 받아도 손해다.

전세금을 은행에 2년 동안 넣었다면 이자라도 받을 수 있다. 그 돈을 다르게 사용했다면 수익으로 돌아올 수도 있다. 월세는 말할 것도 없다. 집주인의 대출 이자를 내가 내 준다고 생각하면 된다.

전세 제도는 전 세계에서 유일하게 우리나라에만 있다. 임차인은 임대인에게 정해진 기간 동안 부동산을 사용할 권리를 갖는다. 임대인은 그 사용 대가로 전세금을 받는다. 우리나라는 1876년부터 지금까지 전세 제도가 있었고 임차인 입장에서는 다달이 나가는 월세보다 전세를 더 선호하고 있다.

많은 사람이 전세는 돈이 매달 나가지 않아서 부담이 없다고 생각한다. 그리고 전세를 살면 집값을 신경 쓰지 않아도 된다고 생각한다. 그런데 이 2가지는 오해다. 당신이 전세 자금 대출을 받는다면 그에 대한 이자가 매달 나간다. 그리고 집값 대신 전세금이 얼마나 오를지 걱정해야 한다.

전세로 거주하면 주인에게 맡긴 전세금을 2~4년 뒤에 그대로 받는다. 전세금이 3억 원이라고 하자. 지금 전세금 3억 원과 2~4년 뒤에 돌려받는 3억 원의 화폐 가치는 다르다. 물가 상승률 때문이다. 2년 동안 물가가 약 4% 오른다고 가정하자. 2년 후 당신이 돌려받는 3억 원의 가치는 약 2억 8,800만 원으로 줄어든다. 4년 뒤에는 더 줄어들 것이다.

집주인은 전세금을 받아서 은행에 저축해 이자를 받을까? 아니다. 전세금을 레버리지로 이용해 그 집의 대출금을 갚거나 다른 곳에 투자한다. 그럼 전세금을 안전하게 돌려받으려면 다른 임차인이 들어와야 받을 수 있다. 내 돈 3억 원을 계약이 끝나는 그날 100% 받을 수 있다는 건 착각이다.

그럼 월세는 어떨까? 보통 집주인이 대출을 받아 월세를 놓는다. 그리고 세입자에게 다달이 세를 받아 대출 이자를 낸다. 월세를 많이 받으면 대출 이자를 상환하고 생활비도 쓸 수 있다. 세입자가 단기간 적은 월세를 내고 산다면 그나마 나쁘지 않다. 어찌 되건 월세를 내는 동안 오른 집값의 수익은 주인이 갖는다. 그 집에 대한 대출 이자와 집주인의 생활비까지 내가 내 주고 수익은 집주인이 가져가는 것이다. 그럴 거면 차라리 내 집을 사자. 그리고 대출을 받아 월세보다 저렴한 대출 이자를 내고 시세 차익을 보는 게 더 효율적이지 않을까?

애 키우니
무조건 아파트다

아이가 생기면 아파트의 장점은 더 빛을 발한다.

놀이터가 있다

아파트 놀이터는 아이들에게 가장 신나는 곳이다. 어린이집을 가지 않는 아이는 친구들을 만나려면 놀이터로 가야 한다. 어린이집에 다니는 아이도 놀이터에서 친구들을 만나야 한다. 태어난 지 얼마 안 된 아기도 놀이터에서 언니, 오빠, 형, 누나들이 노는 것을 보며 좋아한다. 놀이터는 아이가 초등학교를 졸업할 때까지 친구들과 만나는 장소다.

커뮤니티가 형성된다

아파트 놀이터 같은 아파트 커뮤니티는 엄마들에게도 소통과 만남의 장소가 된다. 아이를 낳고 집에서 육아만 하다 보면 우울증까지 온다. 조리원 동기들을 만나는 것도 가끔이다. 거의 매일 모든 시간을 아이와 엄마 단 둘이 집에서 보내게 된다. 다른 지역으로 이사를 가면 더더욱 친구가 없다. 결혼을 안 하거나 아이를 낳지 않은 친구들은 공감대가 없어 연락도 자주 못하게 된다.

그럴 때 아파트 놀이터나 인터넷 카페 커뮤니티를 통해 아이 친구도 만들어 주고 엄마 친구도 만들 수 있다. 아파트 커뮤니티를 들어가 보면 많은 엄마가 아이와 자신의 친구들을 찾는다.

'아이가 18개월이에요. 아이 친구 만들어 주고 싶어요.'
'ㅇㅇ 초등학교 다니는 2학년 딸이 있어요. 친구 해요.'

이렇게 함께 만나면서 육아 상담도 하고 차 없이도 편하게 이 집 저 집 왔다 갔다 하며 관계를 유지할 수 있다. 같은 아파트에 살고 있다는 유대와 결속력까지 더한다.

병원, 약국, 편의 시설이 가깝다

'아이가 어릴 때는 병원, 약국, 마트 가까운 곳이 최고다.'

경험이 많은 엄마의 말은 틀린 게 없다. 상가에 편의점과 부동산 말고는 편의 시설이 없는 아파트도 있다. 아파트 단지가 많을수록 편의 시설이 가깝다. 아이를 키우면서 엄마가 가장 두렵고 무서울 때는 아이가 아플 때다. 그때 단지에 병원이 있다는 것은 큰 안심이 된다. 병원이 멀면 택시를 타거나 직접 운전해서 이동해야 한다. 설상가상으로 병원에 주차 자리가 없다면 어떨까? 근처를 뺑뺑 돌면서 아이는 아프고 엄마는 마음이 급해진다.

단지 안에 어린이집이 있다

보통 아파트 1층에는 가정 어린이집이 있고 아파트 내 관리동 어린이집이 있다. 빌라가 많은 동네는 큰길을 건너거나 차에 태워 어린이집에 데려다줘야 한다. 내가 사는 단지 안에 어린이집이 있으면 아침에 편하게 아이를 데려다줄 수 있다. 관리동 어린이집은 보통 7세까지 보육하는 경우가 많다. 맞벌이를 하는 엄마, 아빠는 일이 끝나면 편하게 아이를 데리러 갈 수 있다.

아파트는 엘리베이터가 있다

대부분의 아파트는 엘리베이터가 있다. 아이를 키우지 않아도 엘리베이터가 편하다는 것은 누구나 안다. 아이를 키우면 엘리베이터는 필수다. 아이가 어릴 때는 유모차를 타거나 아기띠를 하고 이동한다. 아이를 현관문 앞에서 유모차에 태워 엘리베이터로 내려가지 못한다면 아이를 안고 1층으로 내려가서 유모차에 태워야 한다.

　외출할 때는 아이만 데리고 나가는 것이 아니다. 어릴수록 기저귀, 분유, 이유식 등이 필요하다. 아이와 무거운 가방을 갖고 계단을 걸어 내려가야 하는 것이 정말 힘들다. 아기띠를 해도 마찬가지다. 아이를 안고 계단을 올라갈 때는 얼마나 힘들겠는가? 유모차를 현관 앞에 두고 아이와 편하게 이동할 수 있는 곳은 엘리베이터가 있는 아파트다.

아파트는 층이 높아 향이 좋다

　빌라는 높게 지어도 한계가 있다. 뷰와 향은 말할 것도 없다. 아파트는 최소 5층부터 시작된다. 층이 높으면 심리적으로 덜 답답하다. 그리고 아이를 키울 때는 밖에서 생활하는 시간보다 집에서 생활하는 시간이 더 많다.

　층이 높은 아파트는 겨울에는 해가 잘 들어와서 따뜻하고 여름에도 시원하다. 그만큼 보일러비와 전기세를 절약할 수 있다. 밖에서 들어오는 햇살과 바람으로도 아이를 키우는 엄마의 마음을 위로해 주는 느낌이다.

관리 사무소와 경비실이 있다

　아이를 키우는 부부에게 가장 필요한 것은 편리함과 편안함이다. 아파트에는 24시간 통화할 수 있는 관리 사무소와 경비실이 있다. 아파트는 CCTV가 설치돼 있고 관리 사무소와 경비실에서 틈틈이 확인하기 때

문에 안전하다. 이를 관리 사무소에 전화할 일이 많지 않더라도 아이를
키우는 엄마들은 급할 때 요청할 수 있는 곳이 있는 것만으로도 심리적
안정감을 갖는다.

첫 아파트가
인생을 바꾸는 재테크다

최대한 빨리 관심을 갖고 공부한다

우리는 인생에서 크게 중요하지 않은 일에 시간을 많이 쓴다. 청소기 하나 바꾸는 데 몇 날 며칠 동안 인터넷 검색을 하고 이 매장 저 매장을 다니며 고민한다. 나와 관련 없는 영상과 글을 보고 댓글까지 다는 데 시간을 보낸다.

그런데 집을 살 때는 어떤가? 매매 직전에 겨우 주위 사람들에게 묻고 결정해 버린다. 정작 중요한 일에 시간을 투자하지 않고 관심을 갖지 않는 것이다.

너무 많이 따지지 마라

완벽하지 않아도 된다. 지역을 추천받으면 '이 지역은 이래서 안 되고, 몇 평이라서 안 되고'라며 이래저래 퇴짜를 놓는다. 100% 만족하는 집을 사는 사람이 몇이나 될까? 집마다 장단점이 있다.

바꿀 수 있는 단점은 개선하면 되고 못 바꾸는 점은 아쉽지만 다른 장점을 보고 살면 된다. 나의 편견이나 고집을 버리고 객관적으로 집을 판단할 눈이 필요하다. 최고의 집을 찾으려고 하기 보다는 최선을 다해 조건이 맞는 집을 찾는 것이 좋다.

가격보다 지역에 중점을 두자

건물은 물건으로써의 역할만 할 뿐이다. 어떤 물건도 오래 쓰면 낡고 고장 난다. 집도 마찬가지다. 새 집도 세월이 지나면 헌 집이 된다. 집이 시세를 주도하는 것이 아니라는 뜻이다. 지역이 시세를 주도한다.

지역이 발전하면 생활이 좋아지고 가격이 오른다. 내 집 마련을 잘하기 위해서는 건물을 중점으로 보지 말고 지역을 중점으로 봐야 한다. 입지가 좋은 지역은 내 집 마련 후에 가격 걱정에서 자유롭다.

한 집에서 평생 산다고 생각하지 말자

평생 살 집을 구매하려니 조건이 많아진다. 결혼, 출산 육아, 노후까지 생각하고 집을 구하면 사기가 어려워진다. 일단 결혼 전이라면 결혼하고 살 집을 산다고 생각하자. 결혼하고 아이가 생기면 아이를 키우기 좋은 환경으로 이사하면 된다. 단, 그 집은 매도가 쉽거나 세입자를 구할 수 있는 집으로 선택해야 한다. 그래야 내가 원하는 시기에 이사를 갈 수 있다. 점점 더 좋은 환경으로 이사를 갈 것이라고 생각하고 첫 집을 알아보자.

첫 집은 꼭 오르는 아파트여야 한다

내가 살 집은 꼭 있어야 하는데, 그 집은 꼭 값이 오르는 아파트여야 한다. 처음 어떤 집을 선택했느냐에 따라 자산이 확 불어날 수도 있고 엄청난 손해를 볼 수도 있다. 매매하면서 생각지 못한 문제로 큰 손실을 볼 수 있다. 반대로 별것 아니라고 생각했던 점이 호재가 돼 큰 수익으로 돌아올 수도 있다. 그러므로 첫 집부터 제대로 된 공부가 필요하다.

특히 신혼부부들이 실수를 많이 한다. 신혼 때는 집도 꾸미고 싶고 사고 싶은 살림살이도 많다. 그러다 보니 새 집을 찾고 넓은 집을 찾는다. 그런데 돈이 많지 않으니, '하고 싶은 것은 해야 되겠다' 싶어서 입지가 취약한 곳에 저렴하고 깨끗한 새 빌라를 선택하는 경우가 많다. 새 아파트는 너무 비싸고 저렴한 아파트는 너무 낡고 작은 것이다.

빌라에 입주한 부부는 몇 달 동안 집도 꾸미고 행복한 시간을 보낸다. 하지만 다른 도시로 발령되거나 이직하게 되기도 하고 아이가 생기기도 한다. 계획에 없던 일은 갑자기 생긴다. 어쩔 수 없이 이사를 가야 하는 상황이 오는 것이다. 여러 사정으로 이사하려고 했더니 집이 팔리지 않는다. 집이 팔리지 않으면 급매로 내놓아야 한다. 내가 산 가격보다 몇천만 원을 더 싸게 내놨는데 안 나가는 집도 많다.

왜 이런 상황이 발생했는가? 자신에게는 돌발 상황이 생길 것이라는 생각을 못한 것이다. 그리고 건물, 즉 집에 집중했기 때문이다. 몇천만 원을 내려 급매를 한다고 해 보자. 대출을 받아서 산 집이라면 이자도 발생했을 것이고 원금에 손실도 본 것이다. 사는 동안 화폐 가치는 떨어졌고 다른 동네는 오히려 가격이 올랐다. 1년에 1,000만 원도 모으기 힘든데 그 몇 배를 집 때문에 한순간에 잃는 것이다.

오르는 아파트로 내 집 마련을 한다면 내 자산은 금방 불어날 것이다. 조건은 전세가 아닌 저평가된 집을 사서 입주하는 것이다. 저평가된 집은 보통 전세가도 매매가도 낮다. 1년이든 2년이든 시간이 좀 지나면 사람들이 이 지역과 이 집을 알게 되면서 매매가와 전세가가 오른다. 오르는 시기는 지역마다 다를 것이다.

여기서 우리는 2가지 선택을 할 수 있다. 하나는 매매가가 오르면 집을 살 때 받았던 대출금보다 대출을 더 받을 수 있다. 그 대출금으로 다른 곳에 투자할 수 있다. 다른 하나는 그 집을 전세로 내놓을 수 있다. 이는 전세가가 올랐을 때 가능하다. 전세를 주고 그 전세금으로 다른 저평가된 집을 사서 입주하는 것이다.

어떤가? 왜 내 집 마련을 해야 하는지 다시 한번 생각해 봐야 한다.

아파트 투자의 불문율 레버리지

아파트값은 비싸다. 지나고 보니 집값을 싸다고 생각한 적이 없었다. 그런데 시간이 지나면 그때가 싼 것이었음을 깨닫는다. 그래서 지금 아파트를 사야겠다고 하면 더 비싸게 느껴진다. 그런데 또 지나고 보면 싼 것이었다. 이렇게 아파트를 사기 위한 타이밍을 계속 놓치고 만다. 내가 가진 돈으로는 아파트를 살 수 없으니 비싸다고 느끼는 것인데 이 '비싸다'는 생각이 문제다.

'저 비싼 아파트는 누가 살까?'

아파트를 사는 사람들은 돈이 많아 보인다. 그와 반대로 나는 돈이 없어 보이고 점점 자신감도 삶의 낙도 없어진다. 하지만 돈이 많지 않아도 아파트를 살 수 있다. '레버리지'를 이용하는 것이다. '레버리지'란 타인의 자본을 이용해 수익을 증대하는 것을 말한다. 즉 외부 자본을 지렛대로 이용하면 내 돈을 전부 쓰지 않고도 투자해서 수익을 낼 수 있는 것이다.

아파트 가격이 3억 원이라고 하자. 그런데 평범한 사람들에게는 현금 3억 원이 없다. 아파트를 사기 위해 3억 원을 다 모으면 그때는 아파트값이 3억 원보다 높아질 가능성이 상당하다. 현재 내가 가진 돈이 1억 원이라면 나머지 2억 원은 어디서 구할 수 있을까? 바로 대출이나 전세금으로 가능하다.

원하는 집을 얻는 전세 레버리지 투자

대출은 알겠는데 전세금은 무엇인가? 여기서 말하는 전세금은 세입자의 전세금이다. 3억 원의 아파트를 전세를 주는 것이다. 전세 가격은 2억 원이다. 그럼 세입자가 전세를 살기 위해서 현금 2억 원을 갖고 온다. 그리고 내 돈 1억 원만 있으면 그 집을 살 수 있는 것이다.

전세가 2억 5,000만 원이면 내 돈 5,000만 원만 있으면 살 수 있다. 그렇다면 전세금이 비싸고 매매 가격이 싼 곳에 투자하면 내 돈이 적게 들어가니까 좋을까? 그렇지 않다. 전세금 2억 5,000만 원을 받아 3억 원인 아파트를 샀는데 전세가가 떨어지면 내 돈을 다시 내줘야 한다. 그러므로 전세금을 이용한 투자는 전세금이 꾸준히 오르거나 매매 가격이 오를 아파트에 해야 한다.

살고 싶은 아파트가 가격은 점점 오르는데 지금 들어가서 살 수는 없다고 하자. 그럴 때는 전세금을 받고 내가 모은 돈으로 그 집을 미리 사 놓는 것이다. 또 하나의 방법은 전세 세입자가 있는 아파트를 매수하면 된다. 본인이 그 아파트에 이사를 갈 때는 가격이 많이 올랐을 가능성이 높다. 이렇게 살고 싶은 아파트를 미리 사 놓을 때는 레버리지를 이용해야 한다.

매매가 3억 원인 아파트를 2억 5,000만 원에 전세를 준 뒤 5,000만 원만 갖고 전세 레버리지 투자를 하면 2~4년 뒤에는 직접 거주하거나 계속 전세를 줄 수 있다. 4년 뒤 전세가가 3억 원으로 올랐다면 5,000만 원을 받을 수 있다. 5,000만 원을 받아 다른 집을 구매해도 되고 5,000만 원을 받지 않고 오른 만큼 월세를 받아도 된다. 다른 아파트에 투자했다면 2년이나 4년 뒤에 또 오른 전세금이 생긴다. 이렇게 전세 레버리지로 아파트를 하나둘 늘려 가면서 현금 흐름을 만들 수 있다.

은행이 돈 빌려주는
사람에게 있는 것

전세금이 아니면 대출을 이용할 수 있다. 사람들이 대출이라고 하면 일단 겁부터 낸다. 대출을 받는 순간 돈을 못 갚을까 봐 걱정하면서 동시에 집에 빨간 딱지가 붙는 상상을 한다. 그리고 대출을 받아 집을 산다고 하니 갑자기 이자가 아까워지고 월급에서 남는 돈이 없는 것 같다. 그만큼 사람들에게 대출이란 무서운 존재로 각인돼 있다.

지금부터 대출에 대한 무서운 생각을 깨 버려야 한다. 3억 원의 아파트를 대출받아 산다고 해 보자. 3억 원의 60%인 1억 8,000만 원을 대출받는다. 대출 금리를 2.5%로 계산하면 한 달 이자가 약 37만 5,000원이다. 그렇다면 1년에 이자만 450만 원을 내는 것이다. 이것이 아깝게 느껴질 수 있다. 그런데 1년 뒤에 이 아파트가 4억 원이 됐다고 해 보자. 이자 450만 원을 내고 1억 원을 번 것이다. 세금을 제하고도 5,000만 원의 수익이 생긴다. 그래도 이자가 아까운가?

'아파트 가격이 오르면 다행이지만 안 오르면 어떻게 하느냐'는 궁금증이 생길 수 있다. 실거주를 하기 위해서는 3억 원을 모아 3억 원의 아파트를 사거나 대출을 받아 사는 방법밖에는 없다. 아니면 전세 자금 대출을 받아 전세를 살거나 월세를 살아야 한다. 대다수가 현금 3억 원이 없으니 대출을 받아야 하는데 대출받기는 싫어하면서 전세 자금 대출받는 것은 좋아한다. 전세 자금 대출 이자도 아까워하지 않는다. 전세 자금 대출이 안 되는 상황에는 월세를 산다. 요즘 서울의 원룸 월세도 기본 60만 원인데 말이다.

앞서 1억 8,000만 원에 대한 이자가 한 달에 37만 5,000원이라고 했다. 그런데 요즘 이 가격의 월세 아파트가 있는가? 전세 자금 대출을 받아 전세를 살거나 월세로 살아야 하는데 내가 산 아파트 가격이 오르지 않더라도 어디선가 대출 이자를 월세라고 생각하고 살면 되지 않을까?

무작정 대출을 받아 '묻지마 투자'를 하라거나 다른 곳에 쓰라는 말이 아니다. 내가 살고 싶은 아파트를 내 돈을 다 주고 사지 말고 대출을 최대한 이용하라는 것이다. 현금 3억 원을 주고 산 집이 1억 원 오르는 것과 내 돈 1억 2,000만 원과 대출금 1억 8,000만 원을 주고 산 집이 1억 원 오르는 것은 다르다. 대출을 안 받으면 3억 원 전부를 집 한 채를 사는 데 다 써야 한다. 하지만 대출을 받으면 1억 2,000만 원으로 한 채를 사고도 남은 1억 8,000만 원으로 다른 집을 또 살 수 있다.

집이 곧 나의 신용이다

은행에 대출을 받으러 가 본 사람은 안다. 신용 등급, 직장 월급 등 여러 가지를 따진다. 그리고 대출 승인이 나올 수도, 안 나올 수도 있다. 그만큼 대출은 쉽지 않다. 은행에서도 이 사람이 대출금을 갚을 수 있을지 없을지 확실하지 않으면 대출해 주지 않는다.

그런데 집을 담보로 대출을 받으러 가 보자. 집이라는 담보로 은행에서는 대출을 해 준다. 사람을 믿는 것이 아니라 집을 믿기 때문에 가능하다. 개인이 받기에는 어려운 대출을 집을 사면 대출을 해 주는데 대출을 받지 않을 이유가 없다.

'주식에 투자하려는데 대출 좀 해 주세요.'
'펀드 좀 하려는데 대출 좀 해 주세요.'

이렇게 말해서 대출해 주는 은행은 한 곳도 없다. 은행은 펀드에 가입하라고 권유하면서 펀드하려고 하니 대출해 달라고 하면 안 해 준다. 은행도 안전한 곳에 돈을 빌려주고 싶다. 그렇다면 아파트를 담보로 대출을 해 준다는 것은 그만큼 아파트가 안전하다는 뜻이다. 이것이 아파트 투자를 해야 하는 이유이기도 하다.

대출금은 최대한 늦게 갚는 것이 좋다. 대출을 받는 순간 빚이 있다는 생각에 모든 월급을 모아 빚을 갚는 데 시간과 돈을 다 쓴다. 그런데 빚은 물가 상승률만큼 올라가지 않는다. 내가 산 아파트는 물가 상승률만큼은 올라간다. 돈의 가치는 떨어지고 집값은 올라가니 지금은 내 빚이 커 보이지만 시간이 지나면 작아 보일 것이다.

2년 전에 1억 원을 대출받았는데 지금도 1억 원이 남아 있다고 해 보자. 2년 전 1억 원과 지금 1억 원은 다르다. 은행에서는 빚을 물가 상승률만큼 올려 갚으라고 하지 않는다. 오히려 집값이 오르면 대출을 더 해 준다.

우리는 어떻게 하면 레버리지를 잘 이용할 수 있을지 고민해야 한다. 다주택자라면 저평가 지역을 찾아 전세가율이 높은 지역에 전세 레버리지 투자를 해야 한다. 내가 살고 싶은 아파트가 더 오를 것 같다면 전세 레버리지를 이용해 미리 그 아파트를 사 놓는 것이 좋다.

집이 없는 무주택자는 무조건 대출을 이용해서 집을 사야 한다. 그리고 대출을 최대한 천천히 갚자. 은행에서는 대출금에 물가 상승률이 오른 만큼 더 갚으라고 하지 않는다. 이런 레버리지 투자를 할 수 있는 것이 무엇인가? 아파트다.

check point

- 유독 아파트값만 오르는 것 같은 이유는 아파트가 우리의 소비에서 차지하는 비중, 등락폭이 크고 가격 차별화가 심하기 때문이다.

- 서울 아파트값 상승을 전국 아파트값 상승으로 오해하지 말자.

- 아파트 투자에 중요한 요소는 집을 구하는 인구의 수, 즉 '가구 수'다.

- 아파트가 가치 있는 이유 3가지
① 움직이지 않는 '부동성'
② 임의로 증가시킬 수 없는 '부증성'
③ 소멸되지 않는 '영속성'

- 수익성과 안정성이 높은 아파트의 약점인 환금성은 오히려 강제 저축할 수 있는 장점이 된다.

- 내 집 마련보다 투자할 집을 먼저 살 때도 '나중에 내가 살 집'이라고 생각하고 선택하라.

- 2년 동안 물가가 4% 오른다면, 현재 전세금 3억 원의 2년 뒤 가치는 2억

8,800만 원으로 줄어든다.

• 아이를 키우는 부부에게 아파트는 놀이터, 커뮤니티 시설, 보안, 거주 환경 등 물리적 · 심리적으로 최상의 조건을 갖췄다.

• 완벽보다 개선을, 가격보다 지역을, 평생 살 집보다 그다음 집을 생각하자. 이 조건을 갖춘 첫 집은 오르는 아파트다.

• 아파트값 3억 원=내가 가진 돈 1억 원+레버리지 2억 원(대출금, 전세금). 내 돈을 전부 쓰지 않아도 아파트를 살 수 있다.

• 3억 원 아파트의 60%인 1억 8,000만 원를 대출받아서 구매했다. 연 2.5% 금리로 이자를 내면 매달 37만 5,000원을 내야 한다. 서울의 원룸 월세는 한 달 60만 원이다. 은행 이자는 저렴한 월세다.

Q&A

Q. 아파트 투자를 하고 싶어요. 무엇부터 시작해야 할까요?

A. 아파트 투자로 성공한 사람들의 책을 보고 강의를 들으면 좋습니다. 강의를 듣고 공부하면서 종잣돈을 마련해야 합니다. 부동산 공인 중개사 자격

증을 취득하는 것도 좋습니다. 하지만 중개사 자격증과 아파트 투자는 다릅니다. 중개사가 투자를 더 잘한다는 보장은 없으니까요. 투자자로서 꼭 자격증이 필요하지는 않습니다. 요즘에는 인터넷 강의도 많습니다. 먼저 전문가들의 강의를 듣고 그 지역에 임장을 많이 다녀 보는 것이 좋습니다.

2장

돈 걱정 안 하는
부자 아내로 사는 법

경제적 독립의 첫걸음

월급과 적금에 인생을 거는
도박에서 빠져나와라

부자가 된 사람과 아직 부자가 되지 못한 사람의 차이점은 무엇일까?
바로 '돈에 대한 생각'이다. 부자가 되고 싶은 당신에게 묻고 싶다.

요즘 시대에 열심히 일하고 악착같이 저축하면 부자가 될 수 있다고
생각하는가?
당신은 이미 답을 안다.

그렇다면 꼭 당신이 부자가 돼야 하는가?
아니다. 당신은 꼭 부자가 되지 않아도 괜찮다.

하지만 당신은 자기 자신을 위해, 가족을 위해 계속 돈이 필요하다. 당신은 부자가 되기 위해 노력해야 한다.

당신을 불안하게 만드는 대부분의 이유는 돈에서부터 시작된다. 그래서 늘 '돈만 있으면', '돈만 많으면' 하면서 살고 있다. '돈이 곧 행복은 아니다'라고 말하지만 당신은 살아가며 돈 문제와 엮일 수밖에 없다. 돈이 없어도 나와 가족이 행복할 수 있다는 생각은 내 형편과 다르게 돌아가는 세상을 회피하기 위한 합리화일 뿐이다. 지금도 당신은 돈 때문에 걱정이 많을 것이다. 그렇다면 지금부터 돈에 집중해야 한다.

앞으로 가질 돈에 집중하라

평범하게 사는 사람들의 고민은 시작과 끝 모두 돈이다. 돈 때문에 힘들게 살았거나 처지가 어려워진 사람들은 돈을 부정적으로 생각한다. 하지만 다시 생각해 보자. 나에게 일어난 곤란한 일이 돈 때문인가? 아니면 돈에 대한 부정적인 생각 때문인가?

돈을 부정적으로 생각하는 사람은 부자를 보며 부모를 잘 만나서, 운이 좋아서, 혹은 투기를 해서 돈이 많다고 생각한다. 정말 부자들은 그렇게 부를 쌓았을까? 그럴 수도 있겠지만 대부분은 생각과 다르다.

당신은 회사 생활을 하며 받은 월급을 악착같이 저축한다. 하지만 쉴 새 없이 출금되는 통장을 보며 계속 불안을 떨치지 못한다. 당신이 돈을 버는 이유는 무엇인가? 더 나은 삶을 살기 위해, 자유로운 나의 미래를 위해서일 것이다. 그런데 치열하게 일하고 저축하는데도 계속 힘든 이유는 무엇인가?

당신은 돈 앞이라면 항상 작아지고 만다. 당신이 돈의 노예에서 돈의 주인으로 바뀌어야 돈으로부터 자유로워질 수 있다. 나의 자산 상황을 알고 필요한 일을 하는 것, 이것이 돈과의 관계가 바뀌는 첫 단계다. 가장 중요한 태도는 다른 사람이 가진 돈보다 당신이 가질 돈에 집중해야 한다는 것이다.

만약 은행에서 저축 이자를 20%씩 준다고 하면 당신은 저축만 하면 된다. 이것이 부자가 되는 가장 안전하고 빠른 길일 것이다. 우리 부모 세대는 열심히 저축하면 부자가 될 수 있었다. 하지만 우리가 앞으로 살아가야 할 제로 금리, 저성장 시대에는 적금만 들어서는 절대 부자가 될 수 없다. 부자가 당신보다 더 빨리 부자가 될 수 있었던 이유는 이런 현실을 빨리 파악했기 때문이다. 그리고 자신의 돈을 공부하고 연구하는데 노력과 시간을 투자했기 때문이다.

당신 또한 '나도 부자가 될 수 있다'는 생각으로 당장 실천할 수 있는 방법을 찾아보자. 그럼 점점 부자의 길로 가기 위해 필요한 정보를 수집하게 될 것이다.

월급과 적금으로는 노후 보장 안 된다

지금은 월급만으로 경제적 자유를 얻기 힘들다. 과거에는 회사에서 받는 월급으로 생활하는 데 문제가 없었다. IMF를 겪고 나서야 우리는 회사가 나의 인생을 책임질 수 없다는 것을 알았다. 멀리 갈 것도 없이 맞벌이하는 집도, 외벌이하는 집도 현재 다니는 회사가 우리 가족을 책임질 수 없음을 안다.

회사는 우리에게 겨우 먹고살 기본 생활비에 조금의 여윳돈을 더한 돈을 급여로 주고 있다. 월급으로 여유로운 삶을 누린다는 건 당연히 힘든 일이다. 그렇다고 계획 없이 잘 다니던 직장을 그만두고 세상으로 나올 수는 없다. 반대로 육아로 외벌이를 하는 가정의 주부라면 갑자기 맞벌이를 하겠다고 어린아이를 맡기고 일을 나가기에도 현실적 문제에 부딪힌다.

지금 삶의 한계에서 벗어날 방법을 찾아야 한다. 직장 때문에 남는 시간이 없다고, 아이 때문에 수익을 더 만들기 힘들다고 하는 것은 변명과 핑계밖에 되지 않는다. 주변 사람들이 아무것도 하지 않는다고 '노후 대비는 나중으로 미루자, 아직 괜찮겠지'라는 생각은 접어야 한다. 사람의 심리가 그렇다. 나와 상황이 비슷한 사람들과 함께하면 나도 모르게 안심하게 된다.

당신의 노후와 가족을 책임질 사람은 당신 자신뿐이다. 회사는 절대 당신을 끝까지 책임지지 않을뿐더러 이제는 열심히 일만 해서는 안 된다. 재테크에 눈을 떠야 한다. 그럼 어떤 재테크를 해야 할까? 사람들은 가장 안전하다는 은행을 선택한다. 물론 모든 거래를 은행에 집중하면 신용도 쌓이고 대출도 좀 더 받을 수 있지만 은행의 혜택만으로는 부자가 될 수 없다.

오랜 기간 은행만 믿고 의지한 사람들 중에는 은행에서 추천하는 금융 상품에 덜컥 투자하는 이도 있다. 하지만 그 금융 상품도 돈을 잃을 가능성이 있다. 은행도, 금융 회사도 고객보다 회사의 이익을 먼저 생각한다. 은행 직원도 월급쟁이일 뿐이다. 내가 부자가 되도록 적극적으로 돕지 않는다.

'나는 경제권이 없어.'
'회사에서 받는 월급 말고는 희망이 없어.'
'내가 부자가 되는 것은 불가능한 일이야.'

이런 핑계와 변명은 당신을 더 가난하게 만든다. 경제적으로 계속 종속된다. 돈 때문에 힘든 건 당신의 생각 때문이다. 2년 전 나의 상황과 지금 나의 상황이 같다면 변화가 필요하다. 지금 나의 직장, 남편의 직장에서의 월급은 절대로 나를 부자로 만들어 줄 수 없다.

투자를 안 한 실수,
투자를 못한 실수

 정보가 넘치는 세상이다. 궁금한 것은 바로 검색해서 찾을 수 있다. 수많은 책과 영상이 있고 직접 강의도 들을 수 있다. 수많은 정보와 지식을 내가 원하면 다 얻을 수 있다. 하지만 같은 조건에 누구는 부자가 됐고 누구는 부자가 되지 않았다. 부자가 안 된 이유는 무엇일까? 실행하지 않았기 때문이다. 기회를 다른 사람에게 양보하지 마라. 아는 것과 하는 것은 다르다.

 아파트에 투자하기 위해서는 공부가 필요하다. 정보와 지식도 여러 방법으로 얻어야 한다. 하지만 우리는 이미 살면서 알아냈다. 경험이 가장 큰 지식이라는 것을 말이다. 아파트 투자도 마찬가지다. 철저히 준비했다면 실전에 뛰어들어야 한다. 도전하고 실수하면 다시 일어서야 아파트 투자로 성공할 수 있다.

경험이 진짜 지식이다

많은 사람이 아파트 투자로 부자가 되고 싶어 하지만 시작이 쉽지 않다. 인터넷으로 아파트 투자 성공담을 본 사람은 그다음에 책을 찾아 읽는다. 더 적극적인 사람은 강의를 듣는다. 그리고 '나도 할 수 있다'고 결심해 본다. 하지만 현실로 돌아오면 투자가 망설여진다. 이런 마음이 드는 것은 당연하다.

아파트 투자에서도 실수할 수 있고 실패할 수 있다. 절대 실수하지 않는 방법이 하나 있긴 하다. 바로 투자하지 않는 것이다. 그러나 이것이 가장 큰 실수다. 투자를 할 때는 경거망동하지 않되 실수를 했다면 자기 자신에게 관용을 베풀어야 한다. 낙담하거나 자책해서는 안 된다.

'실수는 좋은 경험이며 더 좋은 투자를 하기 위한 거름이 된다. 아파트 투자에서 실패했다면 원인을 파악하고 앞으로 더 큰 실수를 하지 않으면 된다.'

이런 생각으로 처음에는 '그냥' 해 봐야 한다. 어떤 투자에서든 정답은 없다. 준비가 되면 오래 고민하지 말고 행동해야 한다. 투자법을 완벽하게 알지 않아도 된다. 완벽하게 준비했다고 생각했는데도 막상 한 뒤에는 아쉬운 것이 투자다. 그러나 현장에서 몸으로 부딪치다 보면 큰 성과로 이어지는 것 역시 투자다. 아파트 투자는 특히 그렇다.

아파트 강의란 강의는 모두 듣고 책이란 책도 모두 읽고 공부하는 사람이 있다. 하지만 투자는 한 번도 못 했다. 이런 사람들이 주위에 많다. 아파트 투자 전문가 중에도 더러 있다. 지식과 정보가 너무 많아 오히려 투자하는 데 걸림돌이 되기도 하는 것이다. 어느 정도 준비가 됐다면 정보만 계속 들여다보기보다 직접 문제에 부딪쳐야 한다. 그럼 머리로 아는 지식이 아닌 경험으로 쌓인 지식을 얻을 수 있다.

아파트 투자로 부자가 되고 싶다면 반드시 아파트를 사고팔아 봐야 한다. 누구나 처음은 힘들고 실패가 무섭기 마련이다. 시작이 힘든 이유는 돈을 많이 벌고 싶은 욕심 때문일 수도 있다. '잃지만 않겠다'는 마음이라면 한결 편하게 시작할 수 있다. 일단 투자를 시작한 후에는 잃지 않기 위해 당신은 더 많은 공부를 할 테기 때문이다. 첫 투자 후 느끼는 기쁨이 당신을 성숙한 투자자로 만들어 줄 씨앗이다.

투자는 역시 타이밍이다

우리는 투자 수익을 본 사람의 후기, 전문가의 견해 등을 찾아보며 최대한 많은 정보를 수집하려고 한다. 이렇다 보니 완벽한 조건일 때 투자하려는 경향이 생긴다. 원칙은 중요하지만 많아지면 결정을 어렵게 만든다. 그럼 기회를 놓칠 수 있다.

어떤 재테크든 장단점이 함께 있다. 집도 마찬가지다. 완벽한 집은 없다. 그런데 100% 장점만 있는 집을 찾다가 타이밍을 놓치는 것이다. 단점을 장점으로 바꿀 수 있는지 생각하라. 단점이 많아 가격이 저렴하다면 그에 맞는 수요도 있다. 아파트 투자에서 분석은 매우 중요하지만 역시 타이밍을 놓치면 그 의미가 없다.

아파트 투자에서 하락장이나 비수기에는 무엇을, 어디에 투자했는지가 중요하다. 반대로 아파트 상승장이나 성수기에는 언제 투자했는지가 중요하다. 상승장과 성수기에 아무것이나 사라는 말이 아니다. 고민하느라 시간을 보내는 동안 다른 투자자에게 물건을 뺏기고 말 텐가? 이미 가격이 올라간 아파트를 보면서 '아 그때 살걸' 후회하면서 같은 실수를 반복하지 말자. 투자 타이밍만 잘 잡아서 남보다 먼저 사기만 해도 성공이다.

'이 아파트를 살까? 말까?'

당신이 투자하고 싶은 아파트 가격은 항상 높다. 그래서 고민한다. 많은 사람이 '이 아파트는 가격이 오를 대로 올라서 더 이상 오르지 않을 거야'라고 생각한다. 예전 아파트값을 생각하니 비싸게 느끼는 것이다. 그런데 아파트값은 미래 가치를 반영하기 때문에 현재보다 더 오를 수 있다. 과거의 가격에 집착하지 마라. 계속 가격이 쌀 때 사려고 하니 타이밍을 놓치는 것이다.

아파트값이 바닥일 때 사기란 불가능하다. 바닥시세라는 것은 바닥을 치고 올라와야 알 수 있기 때문이다. 아파트 투자의 타이밍은 바닥이 아닌 바닥을 치고 올라올 때다. 바닥시세에서 오름세로 돌아서는 아파트에 내재 가치가 있을 때 투자해야 한다.

투자 타이밍을 놓쳐 다른 기회를 잡기 위해 발버둥 치는 사람들이 있다. 사고 싶은 아파트를 매수할 타이밍을 놓친 후 가격이 너무 올라 마음이 급한 것이다. 그래서 차선의 아파트를 사 버린다. 사람들이 많이 하는 실수 중 하나다. 기회를 놓쳤다면 미련을 두지 말고 다른 기회를 기다려라.

모르는 만큼 당하고
아는 만큼 번다

아파트 투자를 하겠다면 5가지를 알아야 한다. 손품, 발품, 돈, 시간, 노력이다. '투자는 돈만 있으면 된다'고 생각하는 사람이 많다. 아파트 투자의 수익은 돈만으로 얻을 수 있는 결과물이 아니다. 아파트로 돈을 꾸준히 번 사람들은 한결같이 이 5가지를 투자했다. 물론 운 좋게 고급 정보를 얻어서 돈만 갖고 투자해 수익을 본 사람들도 있다. 하지만 이런 투자는 오랫동안 수익을 내지 못한다.

투자 전 반드시! 손품과 발품

어떤 종목에 투자하든 손품이 가장 먼저이자 필수다. 아무 정보와 자료도 없이 현장에 나가면 덜컥 계약하기가 쉽다. 심지어 사기를 당할 수도 있다. 모르는 만큼 당하고 아는 만큼 버는 법이다. 그런데 우리가 사기를 당하기에는 손품을 팔기 정말 좋은 세상에 산다. 버스나 지하철을 타고 이동할 때도, 걸어 다닐 때도 필요한 정보와 자료를 쉽게 찾을 수 있다. 내가 수집한 정보는 내 손으로 정리할 수 있어야 한다. 요즘은 자료를 쉽게 정리할 수 있는 어플도 많다.

자료를 수집하는 것을 손품, 현장에 나가 정보를 얻는 것을 발품이라고 한다. 반드시 발품을 팔아 현장에 가야 한다. 현장도 한 곳만 다니면 안 된다. 여러 곳을 다녀야 한다. 한 곳도 여러 번, 여러 가지 방법으로 가 봐야 한다. 그래야 눈에 보인다.

아파트는 주식이나 금융 상품과 달리 실체가 있다. 내비게이션에 주소나 건물 이름을 검색하면 바로 그 장소가 나온다. 세월이 지나도 장소는 변함이 없다. 아파트는 움직이지 않는다. 시간이 지나면서 주변 환경이 바뀔 뿐이다. 그래서 발품을 꼭 팔아야 한다는 것이다. 집에만 앉아서 인터넷 자료나 다른 사람이 써 놓은 의견에만 의지하면 안 되는 이유다.

손품으로 정보를 얻고 발품으로 현장을 가는 데는 돈이 들지 않는다. 아파트 부자들은 항상 현장으로 나간다. 인터넷 정보만 믿고 투자하지 않는다. 인터넷 정보를 참고로 현장에서 보고 듣고 느낀 다음에 투자한다. 아파트는 목돈이 필요하기 때문에 쉽게 투자 연습을 할 수 없지만 현장을 구경할 자유가 있다는 것이 큰 행운이다. 당장 해 볼 수도 있다. 내가 사는 동네부터 시작해 보자.

종잣돈 없는 수익은 없다

이제 손품과 발품으로 투자할 준비가 됐다. 아파트 투자는 주식이나 금융 상품보다 상대적으로 종잣돈이 필요하다. 그럼 종잣돈은 어떻게 마련할 것인가? 아직도 아파트에 투자하는 사람들은 원래 돈이 많은 사람이라고 생각하는가? 그렇다면 당신은 돈에 대해 잘못 알고 있다.

돈이 없었던 사람들은 어떻게 아파트로 부자가 됐을까? 부자가 되는 1가지 방법, 1가지 투자는 없다. 이렇게 얻은 돈은 금방 사라질 가능성이 높다.

'돈이 돈을 모은다.'

이 말은 반은 맞고 반은 틀렸다. 돈이 저절로 모이지는 않는다. 살면서 한 번도 저축해 보지 않은 사람이 어느 날 한 달에 100만 원씩 모으기로 결심했다고 하자. 한 번도 저축하지 않은 이 사람은 100만 원을 모으기까지 어떤 행동을 해야 할까?

한 달이면 30일, 하루에 약 3만 원을 쓰지 않아야 한다. 3만 원을 아끼려면 밖에서 사 먹는 커피값, 밥값 등 생활비를 줄이는 방법이 있다. 이렇게 생활비를 아껴 100만 원을 모은다. 100만 원을 모으기까지 그에 맞게 살아야 한다.

마찬가지로 1,000만 원을 모으려면 1,000만 원을 모으기 위한 행동을 해야 한다. 여기서 중요한 사실이 있다. 100만 원을 모으지 못한 사람은 1,000만 원을 모으지 못한다는 것이다. 1,000만 원을 모으지 못한 사람은 1억 원을 모으지 못한다. 100만 원을 모으기까지의 행동을 하지 못한 사람이 어떻게 1,000만 원을 모으겠는가? 1억 원을 모으는 것도 마찬가지다. 그래서 '돈이 돈을 모은다'는 이야기가 반은 맞고 반은 틀린 것이다. 당신이 목표를 이룰 수 있는 행동과 노력을 쏟아야 돈이 모이기 시작한다.

돈을 모으기 위해서는 독해져야 한다. 다른 사람들이 누리는 것을 나도 모두 누리며 살 수는 없다. 주변 사람과 똑같아서는 잘해 봤자 도긴개긴이다. 하고 싶은 것을 다 하며 종잣돈을 모을 수는 없다. 종잣돈을 모으는 과정은 인내와 절제를 배우는 과정이다.

이런 종잣돈 모으기부터가 투자의 시작이다. 투자를 시작하면 순간의 즐거움은 포기해야 하지만 당신을 강하고 성숙하게 만들어 줄 것이다. 종잣돈을 마련하기까지는 시간이 오래 걸린다. 그래도 투자를 시작하면 자산은 금방 불어날 것이다.

더욱이 부모나 주변의 도움으로 종잣돈을 마련할 수 없다면 빨리 서둘러야 한다. 자본주의 사회에서 종잣돈을 얼마나 빨리 만드느냐에 따라 부자 되는 속도가 달라지기 때문이다. 쉽게 얻은 돈은 쉽게 쓰기 때문에 스스로 종잣돈을 만들 수 있다면 더 바람직할 것이다. 쉽게 돈을 번 사람들이 그 돈을 쉽게 잃는 것과 같다. 노력을 쏟아 모은 종잣돈이 더 신중하게 투자하는 계기가 될 것이다.

세상에 공짜는 없다

손품을 팔아 정보를 얻고 자료를 수집하기, 발품을 팔아 여러 현장 돌아다니기, 종잣돈 모으기, 이 모든 것이 당신이 쏟아야 할 노력이다. 이 노력은 아무도 모른다. 본인만 알 뿐이다. 그런데 본인의 힘으로 시작하고 해내야 다음 단계로 쉽게 올라갈 수 있다. 로또 당첨자 중에 금방 무너지는 사람이 많은 이유는 그 재산을 본인의 힘으로 일구지 않았기 때문이다.

아파트 투자에서는 기다리는 시간도 필요하다. 투자하자마자 하루 만에, 한 달 만에 수익이 나기 힘들다. 최소 2, 3년은 지나야 '돈을 벌었다' 싶을 정도가 된다. 물론 한 달 만에 팔아 수익을 볼 수도 있다. 이를 '단타'라고 하는데 이 방법으로는 큰 수익을 내기가 힘들다. 또 수익의 일부를 세금으로 내고 남은 단타 수익은 바로 소비하기 쉽고 다시 투자로 이어지기가 어렵다.

단타를 목적으로 아무 아파트에 투자했다가 팔지 못하는 사례를 많이 봤다. 그새 정책이나 상황이 바뀌어 매도가 어렵게 된 것이다. 그러므로 우리는 처음부터 '시간에 투자한다'고 생각하고 아파트를 선택해야 한다.

준비된 사람만이 아파트 투자에서 성공한다. 준비 없이 시작하면 무너지는 것은 한순간이다. 지금부터 아파트에 관심을 두고 손품을 팔아 정보를 모으며 분석하자. 당장 투자하지 않아도 시간이 날 때마다 현장을 찾아가자. 종잣돈을 모으기 위한 실천을 하자.

이 모든 것에 시간과 노력을 쏟아야 한다. 그렇다고 여기에만 매달려 있는 것은 곤란하다. 투자에는 빨리 해야 할 일과 천천히 해야 할 일이 있다. 내가 할 수 있는 일은 빨리 하되 내가 할 수 없는 일에 집착하지 말자. 손품, 발품, 종잣돈 모으기는 최대한 빨리 하고 수익은 시간에 맡기자는 뜻이다. 세상에 공짜는 없지만 반드시 기회는 온다.

투자 수익은
고통에 대한 위자료다

당신은 투자로 돈을 벌고 싶고 부자가 되고 싶다. 그래서 관련된 책을 보고 강의를 듣고 유튜브를 본다. 그리고 '나도 저들처럼 부자가 될 수 있다'고 생각한다. 그런데 훌륭한 책을 찾아 읽고 투자 성공 강의를 열심히 들어도 왜 당신은 아직 부자가 되지 못했는가?

당신이 '그들의 돈'에만 집중했기 때문이다. 부자들이 집이 몇 채인지, 자산이 얼마인지에 관심이 많으면서 그들이 받은 고통은 모른다. 알려고 하지도 않는다. 투자에 성공하기 위해서는 투자에 성공한 사람들이 열정을 쏟아 얻은 그들의 경험을 알아야 한다. 훌륭한 투자자는 한 번에 전부 이루려고 달려들지 않는다. 자신이 뿌린 만큼 거두려고 한다.

많은 사람이 부자가 되기를 원하지만 지금까지 살던 대로 산다. 지금 당신의 모습이 만족스럽지 않다면 자기 자신부터 바꿔야 한다. 변하지 않으면 당신의 미래도, 부부의 미래도, 가족의 미래도 달라지는 것은 없다. 지금 바로 훈련을 시작하라.

노력 없이 얻은 수익은 당신을 결국 돈의 노예로 만든다. 그리고 당신을 더 가난하게 만들 것이다. 사람은 자신이 받은 고통보다 더 큰 수익을 얻으면 돈만 따라다니게 된다. 수익은 반드시 나의 고통보다 작아야 한다. 수익을 높이고 싶으면 그에 걸맞은 고통을 감수하라. 투자 수익은 고통에 대한 위자료다. 고통을 감내한 훌륭한 투자자가 수익을 보는 것이 당연하다.

투자는 수많은 리스크를 감당하는 일이다

성공한 아파트 투자자 중에 다주택자가 많다. 다주택자를 보면 부럽기 마련이고 당신도 다주택자가 되고 싶을 것이다. 다주택자들이 항상 받는 질문이 있다.

'주택이 많으면 관리하기 힘들지 않나요?'

유지 관리도 당연히 힘들지만 우선 다주택자가 되기조차 어렵다. 다주택자란, 주택을 많이 구매한 사람이다. 한 번이라도 아파트 거래를 해본 사람은 알 것이다. 실거주하거나 투자할 집을 매수하는 과정이 얼마나 힘들고 아파트를 사기까지 얼마나 많은 고민과 생각을 하는지 말이다. 다주택자는 이 모든 과정을 몇 번이고 겪은 사람이다.

다주택자는 자주 바뀌는 부동산 정책과 꾸준히 내야 하는 세금, 월세를 미루는 세입자, 떨어질 수 있는 전세금, 집을 고쳐 줘야 하는 유지 비용 등 여러 가지 변수와 리스크를 감수한다. 다주택자는 이를 감당하면서 수많은 경험을 쌓는다. 이 경험이 그들에게 때로는 행복이겠지만 때로는 고통의 연속이다.

모든 투자에는 고통이 따른다. 하지만 고통만으로 끝난다면 수많은 사람이 왜 또다시 투자를 하겠는가? 고통을 견딘 후에는 수익이라는 보상이 따라온다. 다주택자가 돈이 많아서 성공한 것이 아니다. 이렇게 혹독한 고통 속에서 성공한 것이다.

투자 성공을 위한 혹독한 절제 훈련

자신과 다른 사람을 비교하면서 행복하지 않다고 느끼는 사람이 많다. 내가 좋은 옷을 입고 좋은 차를 타고 좋은 곳으로 여행을 다녀도 가까운 사람이 나보다 더 좋은 것을 갖고 더 잘사는 것 같으면 만족하지 못하는 것이다.

형제인 A와 B를 예로 들어 보겠다. 두 사람은 평범한 집에서 태어났고 월급도 똑같이 받는다. A는 돈을 쓰는 데 집중한다. 남에게 보이는 이미지가 중요해서 월세가 비싼 강남에 거주하며 외제차를 몰고, 명품 가방과 옷을 산다. 현재에 충실하게 산다는 마음으로 주말마다 여행을 다닌다. 사람들은 A가 SNS에 올린 사진을 보고 부러워한다.

반면 B는 돈을 모으는 데 집중한다. 자신의 삶과 미래에 집중해야 한다고 생각한다. 서울의 자가 소형 아파트에 거주하며 국산차를 몰고, 부담 없는 가격의 가방과 옷을 산다. 주말에는 아파트 임장을 나간다.

부자가 될 가능성은 누가 높은가? B다. B는 절제라는 고통에서 피어나는 행복을 알기 때문이다. B가 돈이 없어서 A처럼 살지 않는 것이 아니다. 지금보다 더 잘살기 위해서는 남보다 더 절제하는 방법밖에 없음을 깨달은 것이다.

남들처럼 하고 싶은 것을 다 하면서 부자가 되고 싶어 하는 것은 욕심이다. 부자들이 가진 돈보다 그 사람들이 부자가 되기 위해 걸어온 길과 노력과 고통의 결과에 집중하길 바란다. 지금부터 노력해도 결과는 당장 나오지 않는다. 오랜 시간 계속 고민해야 할 것이며 예상치 못한 결과로 괴로울 수도 있다.

부자가 되기 위해 가야 할 그 길은 아무도 알려 주지 않는다. 내가 이겨 내야 하는 과정도 아무도 알려 주지 않는다. 내가 가는 길에 남들과 절대 비교하지 말자. 어둡고 외로운 길 끝에는 반드시 빛이 보인다. 내가 견딘 고통은 반드시 수익으로 돌아올 것이다.

나이 들고 초라해진
나를 상상하라

많은 사람이 돈은 없는데 고생도 하기 싫어한다. 그러나 돈은 벌고 싶어 한다. 불가능하다. 돈도 없는데 고생도 안 한다면 방법이 없다. 돈은 없지만 고생할 다짐이 돼 있다면 길이 있다. 아파트 투자다. 당장은 몸이 힘들지만 고생하고 기다리는 만큼 수익은 늘어난다. '그냥 투자만 하면 되지 왜 몸 고생까지 해야 돼?'라며 오해하는 사람들이 있다. 돈이 많다면 그냥 투자하고 기다리면 된다. 그런데 돈이 없으면 '몸테크'를 해야 한다. 몸으로 때워서 재테크를 한다는 의미이다. 이 몸테크도 할 수 있는 시기가 있다.

지금 고생할 것인가, 나이 들어서 고생할 것인가?

첫 번째 기회는 미혼일 때 온다. 남녀노소 불문하고 결혼하면 하고 싶은 것을 하며 살지 못 하며 살까 봐 버는 쓰고 싶은 대로 돈을 쓴다. 정말 결혼하고 나면 개인 소비가 줄어들까? 오히려 더 늘어난다. 과소비 습관은 결혼해도 없어지지 않는다. 결혼 전에는 저축하기가 쉽지 않고 저축액도 많지 않다. 저축을 많이 하는 데 중점을 두지 말고 소비 패턴을 잡고 종잣돈을 모으는 데 집중하자. 이 시기가 나중에 투자하는 데 큰 역할을 한다.

취직하면 부모 집에서 독립해 혼자 살고 싶어 하는 사람이 많다. 요즘은 집에 대한 생각도 많이 달라졌다. 단순히 먹고 자는 수단이 아니라 깨끗하게, 예쁘게 꾸민 좋은 집을 원한다. 집이 풀 옵션이 아니라면 가구부터 가전까지 사야 할 물건도 많다. 요즘 월세도 만만치 않다. 부모 집을 나오면 외식도 자주 하게 되고 생활비에 관리비까지 내면 남는 돈이 없다. 돈을 모아야 할 시기에 돈이 계속 빠져나간다. 결혼 전까지 부모와 살면서 종잣돈을 만드는 것이 현명하다.

두 번째 기회는 결혼 전후다. 결혼을 하면 집이 꼭 필요하다. 보통의 신혼부부는 부모가 금전 지원을 해 주지 않으면 돈이 넉넉지 않다. 전세를 얻으려니 돈이 부족해 월세를 살기도 한다. 전세금을 마련할 수 있는 신혼부부들은 큰 실수를 하기가 쉽다. 오래된 아파트를 매수할 수 있는데도 새 아파트 전세를 선택하는 것이다. 물론 신혼이니 집을 예쁘게 꾸미고 싶은 마음은 이해가 간다. 하지만 신혼 때 고생을 감수해야 자산을 빨리 불릴 수 있다. 신혼집이 내 집이 아니라면 인테리어에 많은 돈을 쓰지 말자. 처음부터 넓은 새집에 살지 않아도 된다.

이 시기에는 소비를 즐기면 안 된다. 결혼하니 같이 하고 싶은 것, 가고 싶은 곳이 많다. 그래서인지 모으는 돈 없이 각자의 소비 습관대로 두 사람의 급여 안에서 충당한다. 나중에는 어떻게 될까? 내 집 마련에 생기는 문제로 싸우게 되고 급기야 결혼 생활이 힘들어지는 경우도 생긴다. 그럼 집값을 올린 사람들을 가리켜 투기꾼이라며 부정적으로 보게 된다. 돈 때문에 부부 사이도 나빠지고 불만만 많아지는 것이다.

누구나 고생하지 않고 좋은 집에 살고 싶다. 돈이 없다면 고생을 감수하는 것도 재테크의 방법 중 하나다. 월급을 많이 받아야만 돈을 버는 건 아니다. 조금 불편한 집에 살고, 택시 대신 버스를 타고, 외제차 대신 국산차를 타고, 외식하는 대신 집에서 밥을 해 먹는 것도 수익을 내는 방법이다. 종잣돈을 만들 때도 투자를 시작할 때도 고생을 감수한다면 기회가 훨씬 많아진다.

신혼 때도 놓쳤다면 마지막 기회가 있다. 아이를 낳고 아이가 초등학교에 들어가기 전까지다. 무려 7년이라는 시간이 있다. 학군을 신경 쓰거나 사교육을 많이 시키지 않아도 될 나이다. 아이가 어린이집을 가면서 엄마가 자유롭게 쓸 수 있는 시간도 생긴다. 이 시기는 엄마가 일을 시작하거나 아파트 강의를 듣거나 현장을 다니며 정보를 얻을 수 있는 좋은 기회다. 아이의 친구 엄마들과 시간 보내기를 줄이고 내 자산, 가정의 자산을 늘리는 데 시간을 쓰길 바란다. 이 시기에 부부가 함께 고생한다면 노후까지 경제적으로 자유로워질 수 있다.

결혼 후 자녀가 초등학교에 들어가기까지 약 10년의 시간이 있다. 이때가 가장 중요하다. 돈을 벌 시기는 생각보다 길지 않다. 특히 여성은 아이를 출산하면 회사를 다니기가 어려워질 수 있다. 경제 활동을 할 수 있는 시기가 30년이라고 하자. 그럼 30년 동안 죽을 때까지 먹고살 돈을 벌어야 하는 것이다. 은퇴 후 살아야 하는 날이 더 많은데, 한 살이라도 젊었을 때 고생한다면 마음 편히 노후를 보낼 수 있다. 현재의 부족함과 가난은 잠시뿐, 전혀 문제가 아니다. 노후의 가난이 초라하다.

나는 1년에 최소한 1번은 이사했다

한 번이라도 이사해 본 사람은 안다. 이사하면 며칠은 너무 힘들어서 다시는 못 할 것 같다. 그런데 나는 이사를 1년에 1번씩, 어떤 해는 2번씩 다녔다. 이런 나를 보고 사람들은 '이사가 힘들지 않은가 보다'고 말한다.

힘든 일은 누구에게나 힘들다. 하지만 생각을 조금 달리 해 볼 수 있다. 내가 아파트 투자를 하면서 성공한 가장 큰 투자는 바로 이사다. 고생한 만큼의 대가를 얻었기 때문이다. '이사'를 여행이라고 생각해 보자. 어릴 때는 소풍 간다고 하면 일주일 전부터 기다리고 전날 잠도 못 이뤘다. 이사도 마찬가지다. 새로운 환경에 대한 두려움은 접어 두자.

새로운 집과 새로운 동네가 당신을 설레게 할 것이다.

몸이 힘든 것을 떠나 이사를 다니면 돈이 많이 들지 않느냐는 질문도 많이 받는다. 당연히 이사 비용이 든다. 하지만 지금 나의 현실을 잘 판단할 필요가 있다. 현재 감당하기에 너무 비싼 집에 살고 있지 않는지, 너무 넓은 집에 살고 있지 않는지 말이다. 나의 재력으로 감당하기에 버거운 집이라면 마음이 편한 집으로 이사를 하라고 권한다. 당신이 사는 그 집의 대출 이자가 이사 비용보다 더 클 수 있다. 그렇다면 가족의 미래를 위해 그 돈을 쓰는 것이 현명하다.

이사를 자주 하다 보면 짐이 쌓이지 않는 것도 또 하나의 장점이다. 자주 짐을 싸다 보니 필요한 물건만 두고 살게 되는데 1년에 1번씩 이사를 해도 버릴 물건이 많다. 그래서 그때그때 필요한 물건만 사게 된다. 물건이 싸다고 많이 사 놓지 않으니 생활비도 절약된다. 그리고 평수를 줄여 이사를 갈 때는 필수품 말고는 모두 정리하게 된다. 짐을 줄이면 이사 비용도 줄고 이사 후 정리도 힘들지 않다.

이사가 곧 아파트 투자 공부

이사를 자주 다니다 보면 다른 지역, 다른 아파트에 저절로 관심을 갖게 된다. 이사도 같은 동네가 아닌 여러 지역으로 다녀 보자. 아파트, 빌라, 주상 복합 등 여러 주거지에서 살아 보기도 하자. 그럼 지역별, 주거 형태별 장단점을 알 수 있다.

우선 그전에 이사를 하면 가정의 자산을 현실적으로 인지할 수 있다. 이사를 하려면 지역을 알아봐야 한다. 그럼 지역 공부를 하게 되고 내가 가진 돈으로 이 지역을 갈 수 있는지 없는지 알게 된다. 지역을 알면 아파트를 알아봐야 한다. 그럼 또 내가 가진 돈으로 어떤 아파트를 갈 수 있는지, 몇 평으로 갈 수 있는지 알 수 있다. 오랫동안 한 동네, 한 집에서 산 사람들은 다른 동네가 얼마나 오르고 내렸는지 잘 모른다. 다른 지역으로 이사해서야 충격을 받는다.

이사를 하려면 자연스럽게 임장을 다니게 된다. 나는 이사를 하기 위해 그 지역과 집을 알아보면서 공부가 많이 됐다. 이사를 하면 그 동네의 마트, 병원, 지하철, 버스 등 편의 시설을 알아보기 위해 돌아다니게 된다. 그렇게 이사한 지역을 자세히 알게 되면 점점 친숙해진다.

이사 후에는 이 지역의 사람들은 어떤 아파트를 좋아하고, 어떤 동네를 좋아하는지 등 임장만 와서는 파악할 수 없는 점을 많이 알게 된다.

개인마다 적기가 있지만 상황만이 중요한 건 아니다. 어떤 상황에서도 행동했는지, 안 했는지가 중요하다. 한 살이라도 더 젊었을 때 기회를 잡기 바란다.

check point

- 부자들이 얼마를 가졌는지에 관심을 쏟으면 나아지는 게 아무것도 없다. 하지만 앞으로 내가 얼마를 벌지 생각하면 돈 되는 정보가 눈에 들어오기 시작한다.

- 하락장과 비수기에는 무엇을, 어디에 투자했는지가 중요하고 상승장과 성수기에는 언제 투자했는지가 중요하다. 과거의 아파트값에 집착하지 마라. 타이밍이 관건이다.

- 아파트 투자에 필요한 것: 손품, 발품, 돈, 시간, 노력. 모르는 만큼 당하고 아는 만큼 번다.

- 아파트 투자는 시간에 대한 투자다. 단타로 번 돈은 다시 투자하기 어렵고 소비하기 쉽다.

- 돈을 모을 수 있는 3번의 기회
① 미혼기: 소비 패턴을 바로잡고 종잣돈을 모은다.
② 신혼기: 새 아파트 전세보다 오래된 아파트 자가를 매수한다. 전세라면 인테리어와 살림살이에 드는 돈을 아낀다.
③ 아이 입학 전: 아이가 어린이집에 가면 일을 시작하거나 아파트 투자 공부

를 시작한다. 아이 친구 엄마들과 시간 보내기를 줄이고 자산을 늘리는 데 신경 쓴다.

• 본격적인 아파트 투자를 결심했다면 이사를 여행이라고 생각하자. 이사가 곧 지역, 아파트, 돈 공부다.

3장

투자 초보도
이것만 지키면 실패 없다

아파트 투자의 기본과 원칙

부자 되고 싶다면
아내에게 투자 맡겨라

투자하고 싶어 하는 아내, 반대하는 남편 부부가 많다. 아내는 계속 아파트를 사자고 말하지만 남편은 듣지 않는다. 이유는 많다. '인구가 줄어드는데 무슨 아파트를 사느냐', '집값이 곧 떨어지니 기다려라', '친구가 전문가인데 지금은 사면 안 된다고 하더라' 등. 이런 이유는 직접 공부했거나 알아본 근거가 아니라 친구들이나 직장 동료에게 들은 이야기다. 아파트 투자를 말린 그 사람들이 실제로 투자에 성공한 사람들인지는 알 수가 없다.

돈을 벌고 싶다면, 부자가 되고 싶다면 남편 설득하기를 포기하지 마라. 주위 사람들의 말이 정확하지 않다는 것을 자각할 때까지 말이다.

투자하고 싶은 아내, 반대하는 남편

A 아파트를 사자고 남편에게 말했는데 반대하면 몇 달 뒤, 몇 년 뒤 그 아파트의 가격이 어떻게 변했는지 보여 줘라. B 아파트를 사자고 말했는데 또 반대하면 역시 몇 달 뒤 아파트 가격이 얼마나 올랐는지 알려 줘라. 그런 후 지금 사는 아파트의 오른 전세금과 전세 만기일까지 벌어야 하는 돈을 인지시킨다. 나의 손해를 직접 눈으로 확인하면 계산기를 두드려 보기 마련이다.

'이 집을 샀으면 이 돈을 벌었을 텐데….'
'전세금은 어떻게 마련하지?'

특히 서울과 수도권에 거주하는 가정이라면 이 시세가 피부로 느껴질 것이다. 나의 경우에는 결혼 후 여러 투자 기회가 있었는데 남편을 설득하지 못해 놓치고 말았다.

우리 부부가 당시 가진 돈으로 구한 첫 집은 강서구의 한 아파트였다. 이사한 지 얼마 안 된 우리는 우연히 동네 주민의 소개로 김포한강신도시에 미분양 아파트를 계약하게 됐다. 좋은 기회에 남편은 34평으로, 나는 39평으로 계약하자고 의견이 갈렸다. 39평 아파트는 도무지 안 팔려서 34평 가격과 같았다.

나는 같은 동네, 다른 평수라면 추후에는 39평이 더 이익을 볼 것이라고 생각했지만 남편의 '큰 평수는 인기가 끝났다'고 반대해서 살 수 없었다. 결과는 어땠을까? 39평 아파트의 가격이 훨씬 올랐다.

한번은 마곡 지구를 지나가다가 '34평, 42평 미분양 계약 중'이라는 현수막을 보게 됐다. 바로 전화를 걸어 문의했더니 34평은 계약이 끝났고 42평은 2층이지만 계약할 수 있다고 했다. 나는 남편에게 전화해서 설득했다.

"42평 2층이래. 지금 우리에게 좀 무리지만, 계약하면 어때?"

역시나 남편은 큰 평수라서 반대했다. 나중에 큰 평수는 팔리지 않는다는 이유였다. 그 42평 아파트는 현재 3배로 값이 올랐다.

우리 부부는 김포한강신도시 34평 아파트에서 1년 만에 다시 서울로 이사를 했다. 남편도 나도 집과 일하는 곳이 너무 멀었기 때문이다. 약 5,000만 원이 오른 가격에 집을 매도하고 서울에 다시 전세를 얻었는데, 거기서 1년을 살다가 월셋집으로 이사를 했다. 왜 우리는 1년 만에 월세로 이사하게 됐을까?

"전세금 빼서 월세로 가고, 남은 전세금으로 아파트 투자를 하자. 그 전세금, 내가 2년 만에 2배로 만들어 줄게."

나는 남편에게 모험이자 도박 같은 제안을 했다. 며칠을 고민하던 남편은 드디어 내 제안을 수락했다. 내가 가져온 투자 기회를 놓친 것에 대한 아쉬움과 미안한 마음 때문이었다.

나는 전세금 1억 원으로 투자를 해서 4년 만에 2배가 아닌 거의 50배의 자산으로 키웠다.

집 고르는 눈은
아내가 정확하다

　딱 잘라 말하기에는 비약이 있지만 대체로 여자들이 아파트를 좋아한다. 아파트도 여성과 주부를 중심으로 지어지고 아파트 광고도 여성 중심이다. 남성과 여성이 집에 있는 시간이 같더라도 각자의 활용도에 따라 만족도에서 차이가 난다. 그래서 아내가 좋아하는 집, 주부에게 편리한 집이 인기가 있다.

　아파트는 대단지일수록 마트, 병원, 약국 등 편의 시설이 많다. 이 시설들은 차로 가기에도, 걸어서 이용하기에도 좋은 거리에 있다. 많은 남편이 자연의 전원주택 생활을 꿈꾸지만 현실적으로 편리하지 않다. 장을 봐야 하는데 마트가 멀다면 운전해야 하거나 무거운 짐을 들고 버스나 택시를 타야 한다. 가령 요리를 하는데 소금이 없다고 하자. 소금을 넣지 못하거나 소금 하나 사겠다고 시내로 나가야 한다. 반면 아파트는 아무리 편의 시설이 취약해도 편의점 하나는 있다.

누구의 마음을 잡을 것인가?

부부가 집을 보러 가면 각자 고려하는 것, 살펴보는 곳이 다르다. 남편은 주차장을 먼저 살핀다. 주차 공간이 많은지, 내 차를 안전하게 댈 수 있는지, 내 차가 겨울에 눈을 피할 수 있고 여름에 해를 안 받을 수 있는지를 많이 생각한다. 아내는 주차장보다는 마트나 병원 등 편의 시설의 위치를 살펴본다.

남편이 외양을 본다면 아내는 세세한 부분까지 볼 줄 안다. 우선 아내들은 집에 들어가면 화장실과 싱크대를 살펴본다. 화장실을 수리해야 하는지, 싱크대를 바꿔야 하는지, 수납 공간이 너무 적지는 않은지 등 여러 부분을 체크한다. 이런 점은 누구나 집을 볼 때 필수로 확인해야 하는 사항이다. 그러므로 아내가 하는 말을 주의 깊게 들어야 한다.

맞벌이 부부든, 외벌이 부부든 집은 아내 위주로 골라야 한다. 남편이 직장인인 외벌이라면 전업주부 아내는 집에서 일하는 사람이다. 집에 가장 오래 있고 집 주변 시설을 사용한다. 맞벌이 부부 또한 아내가 집에 영향을 더 크게 받는다. 바깥일을 끝내고 퇴근한 아내는 마음에 안 드는 집안꼴에 짜증이 나기 마련이다. 이는 남편과 함께 집안일을 하는 것과는 다른 문제다. 남편도 아내가 원하는 집을 선택하게 해 줘야 더욱 만족한다.

아내가 좋아하는 집은 다른 사람도 좋아할 확률이 크다. 그러니 집값도 잘 오르고 팔기도 편하다. 아내들이 살기 좋다고 소문난 동네는 주민들이 그 동네를 잘 떠나지 않는다. 남편 직장이 멀어도 아내는 그 동네에 살고 싶어 한다. 살던 사람들은 떠나지 않으려고 하고 다른 사람들은 이사를 오고 싶어 하는데 남는 집이 없으니 가격이 오른다.

'나이 들면, 남자는 아내 없으면 못 살고 여자는 친구 없으면 못 산다.'

옛말이지만 반은 맞다. 남자는 아내가 필요하기 때문에 아내가 싫다고 하면 못 떠나는 것이다. 결국 집은 아내가 선택하고 결정할 수밖에 없다.

당신이 전 재산을 잃어도
사람들은 관심이 없다

특정 지역과 특정 아파트를 찍어 주는 강연에는 사람이 많이 모인다. 내가 공부하지 않아도 편하게 투자할 수 있기 때문이다. 아파트 투자로 성공하려면 투자자에게 기준이 있어야 한다. 아파트 투자로 실패한 사람들 중에는 투자 기준이 없는 이가 많다. 주변 사람들의 말이나 언론, 부동산 중개업자의 말만 믿고 투자하는 경우가 대다수다.

물론 족집게 강사의 말대로 당장 수익을 낼 수도 있다. 하지만 꾸준히 수익을 내기는 어렵다. 한편 검증도 없이 강연자의 말만 듣고 투자했다가 낭패를 볼 수도 있다. 이 역시 기준이 없기 때문이다. 투자를 어디에, 어떻게, 얼마를 해야 할지 결정하는 것은 나의 몫이다. 자신이 노력해서 얻은 정보와 경험으로 직접 선택하고 결정해야 한다. 외부의 정보는 참고만 할 뿐 전부 믿지는 말자.

잠시 마음 편하자고 자산을 대가로 치를 것인가?

우리나라 사람들은 회사 생활, 친구 모임 등에 소극적이면 소외된다고 느끼며 불안해한다. 내가 상대방을 어떻게 생각하는지보다 상대방이 날 어떻게 생각하는지가 중요한 사회여서인지, 내가 싫어도 다수가 좋다고 하면 그걸 따라야 마음이 편하다. 다수의 의견을 쉽게 선택하는 나는, 그만큼 자신에게 불안하다는 것이다.

이 불안함은 대중을 따라 하는 집단화 현상으로 자산 시장에서 자주 나타난다. 남들이 사면 나도 사야 할 것 같고 남들이 팔면 나도 팔아야 할 것 같다. 이런 현상은 집단의 힘 때문에, 남들과의 경쟁 때문에, 따라 하려는 심리 때문에 나타난다.

주식 시장에서는 하락장에서 중소형주를 중심으로 집단화 현상이 나타난다. 그 결과 투자한 주식의 가격이 하락하면 더 떨어질까 봐 두려움에 헐값에 팔아 버리고 다시 매입할 기회를 노린다. 주식 시장에서는 비교적 쉽게 상품을 팔고 싶을 때 팔 수 있기 때문이다.

부동산 시장은 반대로 상승장에서 아파트를 중심으로 따라 하기 현상이 나타난다. 부동산 시장에서 투자자들의 움직임을 보자. 오피스텔이나 상가, 빌라보다 아파트에서 이런 현상이 많이 나타난다. 아파트값이 오를 때면 사람들이 떼를 지어서 같이 산다. 옆집 엄마가 아파트를 사면 아랫집 엄마, 윗집 엄마까지 따라 산다. 가격이 상승할 때 거래량도 늘어나는 것이다. 이렇게 아파트를 사는 사람은 본인이 이 아파트를 왜 사는지도 모른다는 게 문제다. 본인의 기준에 맞춰 선택하지 않고 분위기에 휩쓸려 선택했기 때문이다.

아파트 투자에서 따라 하기 현상은 자녀 교육열로 인해 더 심해진다. 많은 엄마가 아이가 학교에 가서 적응을 못할까 봐 유치원 때부터 친구를 만들어 주려고 한다. 아이가 입학한 후에는 친구가 없을까 봐 좋든 싫든 학부모 모임에 참여한다. 학부모의 이런 행동이 학군과 아파트에도 영향을 미친다.

우리나라에서 학군이 좋은 곳은 아파트 가격이 떨어질 수가 없다. 같은 동네라도 어디 학교를 갈 수 있는지에 따라 아파트 가격도 달라진다. 우리 아이도 서울 대학교 입학 인원을 많이 배출하는 학교를 다니면 서울대를 들어갈 수 있을 것 같다.

모두 같은 마음으로 그 학교에 입학하면 모든 학생이 서울대를 가는가? 그건 또 아니지 않는가. 학군 좋은 곳을 선택하는 것이 나쁘다고 말하는 것이 아니다. 돈은 없는데 자식 교육만 보고 무리해서 동네와 아파트를 선택했다가 본인의 노후 준비를 못한 사람이 많기 때문이다. 결국 남들 따라 하다가 가족 모두가 힘들어질 수 있다.

대중 심리는 인터넷에서도 나타난다. 인터넷 부동산 기사에는 정부를 비판하고 다주택자들 때문에 집값이 올랐다는 내용의 댓글이 많이 달린다. 여러 이유로 집값이 떨어진다며 다주택자들을 걱정하는 댓글도 달린다. 사람들은 이런 부정적인 댓글에 영향을 받는다. 갑자기 집을 팔고 싶은 불안한 마음에 밤잠을 설친다.

알고 보면 댓글의 주인공들은 집이 없는 사람이 대부분이다. 집값이 오른다는 기사는 집주인에게 반가운 소식이고 세입자에게는 불행한 소식이다. 사람은 내가 처한 형편에 따라 상황을 판단하기 때문이다. 그런 댓글에 내 중요한 자산을 잃을 것인가?

투자만큼은 외롭게 혼자 하라

아파트는 고가 상품이기 때문에 하루에 같은 물건을 사고팔 수 없다. 또 팔고 싶어도 사 줄 사람이 없으면 팔 수 없다. 남들 따라 샀다가 못 팔 수도 있다는 말이다. 투자에서는 다수의 의견에 타협해서는 안 된다. 따라 하기식 투자가 아파트 가격에 거품과 폭락의 결과를 만들 수 있다. 왜냐하면 이런 집단 현상은 심리적인 성격이 강해서 유행으로 끝나기 쉽기 때문이다.

투자는 내 자산이 걸린 문제다. 다수가 어떤 아파트를 산다고 나도 샀다가 가격이 하락하면 그 책임은 내가 모두 떠안아야 한다. 다수의 의견을 참고하되 맹목적으로 따르지는 말자. 결정과 책임은 나의 몫이다.

인생에서 중요한 선택은 나의 판단으로 결정해야 한다. 그래서 더 많은 정보를 모아야 하고 스스로 결정할 수 있는 용기가 필요하다. 덜컥 결정하지 말자. 하루만 곰곰이 생각해 보길 바란다. 결코 주변 사람이나 불특정한 대중의 결정을 좇아서는 안 된다.

많은 사람이 몰려간다고 나도 따라갈 필요는 없다. 아파트 투자에서만큼은 사람들이 '예스'를 외친다고 해도 나는 '노'라고 외쳐도 된다. 많은 사람이 선택한다고 해서 모두 옳은 것은 아니다. 더구나 그 사람들은 당신의 귀한 돈의 가치를 알지 못한다.

아파트 가격은 100만 원, 1,000만 원이 아니다. 적어도 몇억 원, 몇십억 원이다. 이런 큰돈을 남에게 맡기지 말고 스스로 기준이 생길 때까지 공부하자. 전문가의 말도 참고만 할 뿐 절대 믿지 말자. 아파트 투자는 혼자 외롭게 가도 된다.

익숙함에 속아 오르는 아파트를 놓치지 마라

우리는 아파트를 사야 한다. 그 아파트가 실거주용이든 투자용이든 값이 오르는 아파트를 선택해야 한다. 단, 조건은 핵심 아파트여야 한다. 핵심 아파트는 오래 보유해도 가격이 꾸준히 오르고 하락장에서 크게 폭락하지 않는 아파트다. 그럼 왜 당신은 핵심 아파트에 투자하지 못할까? 핵심 아파트가 어떤 아파트인지 모르기 때문이다. 값이 오르는 아파트를 선택하려면 안목이 있어야 한다. 보는 눈을 키우기 위해서는 내가 사는 동네를 객관적으로 평가할 줄 알아야 한다.

핵심 아파트는 어떤 아파트인가? 가족 모두가 편하게 살 수 있는 아파트다. 먼저 교통 환경이 중요하다. 직장인은 출퇴근 시간이 짧을수록 좋다. 그래서 직장에서 가까운 아파트에서 거주하고 싶어 한다. 아이가 있다면 교육이 중요하다. 집에서 아이 학교가 멀거나 학군이 안 좋다면 선택하지 않는다. 편의 시설도 중요하다. 내가 사는 동네에 병원, 마트, 백화점이 있으면 좋다.

상상해 보자. 부부가 편하게 직장을 출퇴근한다. 아이는 걸어서 집 앞에 있는 학교를 간다. 차를 타고 가지 않아도 편의 시설을 이용할 수 있다. 엄마, 아빠, 아이 모두가 편하게 지낼 수 있는 아파트, 이런 아파트가 핵심 아파트다.

우리 동네가 전국 최고인가?

친구들을 오랜만에 만나면 요즘 어디서 사는지, 어떻게 사는지 이야기꽃을 피운다. 누군가가 어디에 산다고 하면 친구들은 그 지역은 살기에 어떠냐고 질문한다. 신기한 점은 모든 친구가 자기 동네가 최고라고 말한다는 것이다. 이유는 많다. 서울에 사는 친구들은 '우리 집이 역세권이라 교통이 좋다'고 한다. 경기도에 사는 친구들은 '새집이다, 집 앞에 강남으로 가는 버스가 다닌다, 공기가 좋다'고 한다.

'우리 동네가 제일 좋다'는 사람들은 다른 동네로 이사 가면 그곳이 좋다고 할 것이다. 하지만 익숙하다고 좋은 것은 아니다. 익숙한 것과 좋은 것은 엄연히 다르다. 서울에서 요즘 역세권이 아닌 아파트가 있을까? 서울은 핵심 지하철 2개 노선이 지나거나 트리플 역세권 정도는 돼야 자랑거리가 된다. 경기도는 집에서 버스를 타고 지하철역이나 환승역으로 가야 할 수도 있다. 사람은 환경에 금방 적응하는 동물이다. 나에게 한 번 익숙해지면 불편한 점도 편하게 느끼고 좋아지기 마련이다. 병원이나 마트에도 차를 타고 가야 하는 것이 처음에는 귀찮고 불편해도 어느새 적응되고 익숙해진다.

 사람들은 자신이 오랫동안 산 동네에 대해서는 너무나 잘 안다. 하지만 동네를 벗어나면 잘 몰라서 낯설어하고 어색해한다. 아파트 투자도 마찬가지다. 내가 잘 아는 지역과 내가 살았거나 살고 있는 동네에만 투자를 하기가 쉽다. 익숙하기 때문이다. 익숙한 동네만 찾다 보면 왜 다른 동네, 다른 아파트가 오르는지 알 수 없다. 정해진 지역에서 투자하면 안전할 수는 있지만 다른 동네와 비교하지 않는다면 투자자로서 판단력이 흐려진다.

 아파트 매매는 비용이 많이 들기 때문에 자주 거래할 수 없다. 우리 동네가 지금 살기에 정말 편한 조건이라면 그곳에서는 임대로 살고 다른 오르는 아파트를 살 수 있다. '우리 동네가 제일 좋다'는 편견을 버리자. 그리고 다른 동네를 객관적으로 판단해 보자.

 우리 동네의 장단점과 다른 동네의 장단점을 비교해 보자. 그럼 왜 다른 동네와 우리 동네의 가격이 다른지 파악할 수 있다. 같은 동네에서도 우리 아파트만 최고라고 생각하지 말고 근처 아파트와 비교해 보자. 그럼 왜 다른 동네에 사람들이 모이고 왜 다른 아파트가 인기가 많은지 알게 된다.

왜 오르는 아파트에 투자하기 힘들까?

사람들이 아파트 투자에 관심을 갖는 시기는 부동산 활황기다. 부동산 활황기에는 좋은 아파트를 매수하기가 힘들다. 이미 가격이 너무 올랐거나 좋은 물건이 없다. 그래서 사려던 아파트는 안 사고 다른 아파트를 덜컥 사 버리는 실수를 한다. 찜한 아파트를 사러 갔다가 부동산 중개인에게 다른 아파트를 소개받아 계약하는 것이다.

경험이 많은 투자자는 부동산 중개인이 소개하는 아파트에 대해서 이미 잘 알고 있다. 이미 조사했기 때문이다. 그래서 쉽게 계약하지 않는다. 하지만 거래를 많이 안 해 본 투자자는 부동산 중개인의 말에 혹하기가 쉽다. 그때 계약했다가 생각하지 못한 결과를 초래할 수 있으니 조심해야 한다. 차라리 다른 지역을 찾거나 기다리는 것이 낫다.

내가 찜한 아파트를 너무 오른 가격에 사는 경우도 있다. 이미 오른 아파트를 매수한 후 가격이 하락하더라도 매수한 금액까지 기다리면 된다. 시간이 좀 걸릴 뿐이다. 익숙함에 속아 편안함을 누리려고 하지 마라. 다른 동네와 내가 사는 동네를 비교해 보면서 눈을 키우자. 그리고 핵심 아파트를 찾자. 혹시 핵심 아파트를 매수했는데 가격이 떨어졌다 해도 불안해하지 말자. 기다리자. 세월이 지나면 가격은 돌아온다.

언론은 아파트를 팔라고
한 적이 없다

성공한 사람들을 보라. 그들은 본인이 믿는 대로 실천한다. 강인한 정신으로 어떤 상황에서도 흔들리지 않고 할 일을 한다. 아파트 투자에서도 마찬가지다. 아파트 투자로 성공한 사람들은 본인이 믿고 본 대로 투자한다. 누구의 말과 행동에도 흔들리지 않고 투자한다.

초보자들은 자신이 객관적이며 합리적으로 투자할 것이라고 생각하지만 막상 예상치 못한 상황이 닥치면 충동적으로 바뀐다. 마음이 급하기 때문이다. 빨리 결정하고 높은 수익을 보고 싶어서다. 마치 복권 당첨을 기다리는 것처럼 말이다.

누구나 아파트를 사면 가격이 오르기를 기대한다. 하지만 아파트값은 정부 정책의 변화나 갑작스러운 위기에 따라 오르고 내린다는 점을 알아야 한다. 아파트는 한정된 상품이라 영원히 하락하지 않는다. 그러므로 아파트 투자를 하기 전 마음이 흔들리지 않을 각오를 해야 한다. 아파트에 투자한 뒤 가격이 변동해도 성급하게 매도하지 말자. 과도한 불안감이 조급증을 불러 당신을 혼란스럽게 할 수 있다.

빨리 좋은 결과를 얻는 것보다 꾸준한 수익을 얻는 것이 안전하다. 원금을 지키면서 조금 아쉽고 부족한 듯한 수익을 얻는 것이 안전한 투자다. 나이 들어서 돈 때문에 추락한 사람들은 대부분 꼭 지켜야 하는 밑천을 잃어버렸다. 밑천을 잃어버린 이유는 무리하게 투자했기 때문이다. 하루라도 빨리, 하루라도 더 늦기 전에 밑천을 불리고 싶은 급한 마음에 일을 그르친다.

조급한 마음이 판단력을 흐린다

투자한 아파트의 가격이 갑자기 하락했거나 정책이 바뀌었거나 부정적인 정보를 접할 때가 있다. 이럴 경우에 느끼는 심적인 압박은 생각보다 크다. 이 순간 투자자는 손절매를 생각한다. 가격이 더 떨어질까 봐 두렵고 잘못 투자했나 후회한다.

언론에서 부정적인 내용이 나오거나 각종 규제가 나오면 급매가 나오는 게 이런 이유 때문이다. 이때가 가장 중요하다. 마음은 잠시 흔들릴 수 있지만 결정에는 신중해야 한다. 성급한 사람은 아파트를 살 때도 팔 때도 빠르니 돈을 못 버는 것이다.

많은 매수자가 집값이 오른다는 뉴스가 보도되면 매물을 거두거나 집값을 올린다. 집값이 떨어진다는 뉴스가 나오면 갑자기 급매물이 나오기도 한다. 이렇듯 아파트 투자에서 언론은 소비자를 좌지우지할 만큼 영향이 매우 크다. 우리는 아파트에 관심이 있든 없든 아파트에 대한 기사와 뉴스는 듣게 된다. '집값을 올린다, 내린다'고 말하는 언론이 집값을 직접 올리고 내리지는 않지만 사람의 마음을 불안하게 만드는 데는 한몫한다. 그리고 사람들은 언론의 방향대로 움직이려고 한다.

'아파트, 이제부터 큰일이다!'

이 기사를 보면서 세입자는 '큰일이다, 집값이 더 오르나?'라고 생각한다. 집주인은 '집값이 떨어지나?'라고 생각한다. 가격이 많이 떨어져도 많이 올라도 '큰일이다'라고 표현할 수 있다. 사람은 각자의 상황에 따라 같은 기사도 다르게 본다.

호재 관련 기사는 더 자세히 들여다봐야 한다. 지하철이 생긴다는 기사만 보고 계약했다가 몇 년을 고생한 사람들을 많이 봤다. 호재는 반드시 사실 확인을 해야 한다. 부동산 기사를 볼 때는 뜻을 정확히 이해하고 내용을 확인해야 한다. 마음 조급한 사람들이 기사를 제대로 읽지 않고 집을 매수하거나 매도한다.

사람들은 아파트를 자세히 알아보지 않고 매수했다가 매수하고 나서야 그 아파트에 너무 많은 관심을 갖는다. 당연한 말이지만 투자하기 전에 더 많은 관심을 가져야 한다. 성격이 급하다면 매수한 후에는 한 걸음 물러나 일정 기간 잊어버리는 것이 좋은 방법이다.

부동산 기자도 무주택자다

특히 자극적인 부동산 기사는 불안감을 더욱더 증폭한다. 아파트 가격이 하락한다는 기사를 보고 아파트를 팔았더니 반대로 더 올랐다고 하자. 누구의 책임일까? 기자는 아무 책임이 없다. 불안함에 조급하게 판단한 나의 책임이다. 그럼에도 부동산 기사를 맹신할 필요가 있을까?

'전셋값이 오른다.'
'집값이 오른다.'

무주택자들은 이런 기사를 볼 때 힘들어한다. 하지만 실제로 가장 힘든 사람은 기사를 쓰는 기자다. 부동산 기자들은 무주택자가 많을까, 유주택자가 많을까? 아무래도 무주택자가 많을 것이다. 부동산 기자의 월급이 많지 않다. 게다가 기자는 좋은 소식보다 나쁜 소식을 먼저 접하니 집을 사기도 쉽지 않다. 집값이 오른다는 소식을 전해야 하는 기자는 한숨만 나올 뿐이다.

조언을 원한다면
아파트 투자 고수에게

사고 싶은 아파트가 있는데 사야 할지 말아야 할지 확신이 서지 않는가? 불안하다는 건 아직 잘 모른다는 뜻이다. 처음 투자하는 사람들이 가장 많이 하는 실수가 있다. 본인은 투자 지식이 부족하다고 생각해서 주위 사람들의 의견에 의지하는 것이다. 이는 첫 투자자라면 누구나 겪는 과정이다.

이런 사람은 본인이 아는 지인 10명에게 전화를 걸어 투자를 할지 말지를 물어본다. 그 10명은 아파트와 관련된 일을 하는 사람들일 가능성이 크다. 그리고 10명 중 9명이 반대를 하면 투자를 포기한다. 당신이 알아야 할 중요한 사실은 부동산 일을 한다고 해서 아파트 투자로 돈을 벌지는 않는다는 것이다. 그런데 자기보다 지식이 더 많을 거라는 생각에 그들의 말만 믿는다. 그 사람들이 지식은 더 많을 수는 있다. 하지만 투자는 지식만으로 하는 것이 아니다.

다른 사람에게 투자 결정권을 넘기지 마라

사람들은 불안할수록 전문가에게 의지하려고 한다. 대학교 교수이고 경제 분야에서 유명한 사람이 설명하면 무조건 나보다 잘 안다고 생각한다. 또 전문가의 말이니까 괜찮을 거라고 생각한다. 무조건적인 믿음은 내 생각을 합리화하고 판단을 흐리게 한다.

많은 사람이 자신이 모르는 경제 용어와 뉴스를 풀어 이야기하는 사람을 보면 그가 말하는 지식이 100% 진짜라고 믿는다. 이것은 문제가 있다. 내가 알던 바와 다른 의견도 계속 듣다 보면 그걸 진짜처럼 믿기 쉽다. 이런 일은 아파트를 사고팔 때도 자주 일어난다. 누군가의 말에 설득당해 집을 샀다가 나중에서야 '내가 왜 그걸 샀지?' 하게 되는 문제가 부지기수다.

전문가도 미래를 100% 내다볼 수 없다. 투자 전문가가 많지만 본인의 예측대로 부자가 된 사람은 많지 않다. 그들도 월급 받는 직장인으로 미래를 전망할 뿐이다. 또한 시장 전망은 어렵다. 집중적으로 한 분야를 공부했더라도 전문가마다 의견이 다르다. 본인만의 생각이 들어가기 때문이다.

전문가들에게 객관적인 대답을 듣기란 힘들다. 집이 없는 전문가는 집값이 떨어지길 바라고 집이 많은 전문가는 집값이 올라가길 바란다. 희망이 생각으로, 생각이 전망으로 바뀌는 것이다. 물론 전문가가 되기까지의 수고와 노력은 인정하고 조언을 신중하게 받아들일 가치가 있지만 무조건적인 믿음이 문제다.

진짜 전문가에게 도움받아라

요즘 유튜브에 아파트 시장 전망부터 지역 분석까지 다양한 영상이 뜬다. 신기한 사실은 무주택자들은 비관론자의 전문가 영상만 보고 투자자들은 낙관론자의 영상만 본다는 것이다. 각자 상황에 들어맞는 영상만 보면서 안심한다. 그리고 생소한 경제 용어와 현란한 말솜씨에 빠져들어 영상의 주인공들을 전문가라고 부른다. 당신은 이 전문가들이 무엇으로 돈을 번다고 생각하는가?

투자자 중에서도 이론은 많이 알지만 투자 결과가 안 좋은 사람들이 있다. 부동산 전문가 중에도 이런 사람이 많다. 아파트가 왜 오르고 정책이 어떻고 경제가 이렇다 저렇다 전부 아는 듯 말하며 주위 사람에게 조언도 잘 해 준다.

그런 그들이 정작 투자로는 돈을 벌지 못한다. '이 물건이 최고다', '지금 안 사면 후회한다'면서 정작 본인은 투자하지 않는다. 왜 투자하지 않느냐고 물으면 하고 싶은데 돈이 없다고 한다. 자기가 사고 싶은 물건이지만 양보하겠다고까지 말한다. 그렇게 확실하다면 돈은 어떻게든

구해서 투자할 수 있지 않은가? 진짜 고수는 남에게 좋은 아파트를 쉽게 소개하지 않는다.

이 전문가들을 무시하라는 말이 절대 아니다. 한 전문가의 의견에 의지하기보다 여러 전문가의 생각과 의견을 들어 보자는 것이다. 그럼 최소한 실패는 면할 수 있다.

투자하기 전에 조언을 얻는 것은 필요하지만 조언해 주는 사람의 투자 실력과 경험이 중요하다. 운이 좋아서 한 번의 투자로 큰돈을 번 사람들의 말은 조심하자. 법과 세금 문제는 법무사와 세무사에게 상담해야 한다.

가장 좋은 투자 태도는 스스로 공부해서 스스로 결정하는 것이다. 자신의 능력으로 상황을 분석하고 판단하기 어려울 때 조언을 구하라. 대신 진짜 전문가의 도움을 받으라. 진짜 전문가는 경험이 많고 꾸준히 안전하게 수익을 낸 사람이다. 그 사람들은 평소에 자신을 잘 드러내지 않는다. 자신들이 어디를 사서 얼마를 벌었다며 떠들지 않는다.

더 많은 경험을 했고 능력을 갖춘 사람들의 지혜를 배우는 것도 투자를 잘하는 방법이다. 그들은 중요한 결정에서 좋은 선생님 역할을 한다. 한 발짝 먼저 간 사람들의 경험을 따르라. 투자자로서 가장 빨리 성공하는 길이다.

check point

- 남편의 반대로 아파트를 사지 못한다면 동네 아파트의 상승세를 꾸준히 보여 줘라.

- 아파트는 구조도, 광고도 주부와 아내 맞춤이다. 맞벌이 부부든, 외벌이 부부든 집은 아내 위주로 골라야 한다. 세세한 부분을 신경 쓰는 아내의 눈이 더 정확하다.

- 부동산 시장은 상승장일 때 아파트를 중심으로 집단화 현상이 나타난다. 자녀 교육열이 높은 학군의 아파트에는 노후 대비를 미루고 무리하게 입주하는 사람들도 적지 않다. 대중의 심리를 따르지 말고 자신의 형편을 객관적으로 판단하라. 결정과 책임은 오로지 자기 몫이다.

- '우리 동네가 제일 좋다'는 편견을 버리자. 아파트별, 지역별 비교가 필요하다.

- 법과 세금 문제는 법무사와 세무사를 찾아가고, 투자 조언은 경험 많고 실력 좋은 전문가에게 구하라.

Q&A

Q. 아파트 투자를 하고 싶은데 남편이 계속 반대합니다. 어떻게 해야 할까요?

A. 처음에 반대하는 것은 당연합니다. 하지만 포기하면 안 됩니다. 아파트 투자에 부정적이라면 강의를 같이 다녀 보는 것을 추천합니다. 보통 남편은 주위 사람들이 하는 이야기만 듣고 선입견을 갖는데 함께 전문가의 강의를 듣고 임장을 다니다 보면 생각이 바뀝니다. 아내의 이야기에 귀 기울이지 않는다면 반드시 함께 전문가의 강의를 들으면서 임장을 다니기를 추천합니다.

4장

꾸준히 좋은 아파트 사는
내공 기르기

아파트 투자 공부

아파트
투자 공부의 정석

아파트 투자는 특히 더 세심하게 공부하고 철저하게 조사해야 한다. 같은 아파트라도 가격이 천차만별이기 때문이다. 우리는 취업하기 위해 토익 공부를 하고 어학연수를 가고 수많은 자격증을 따고 면접 준비를 한다. 취업도 몇 년씩 준비하는데 아파트를 사기 위해 쓰는 시간은 짧지 않은가? 어디서 어떻게 투자를 시작해야 할지 잘 모르겠다면 기초 상식부터 쌓자.

경제 신문 읽기

아파트 투자로 꾸준한 수익을 얻으려면 기초가 중요하다. 기초 다지기에는 경제 신문 읽기가 제격이다. 경제 신문을 읽는 목적은 국내외 경제의 흐름을 알기 위함이다. 금융과 기업의 상황과 정책의 변화도 알 수 있다. 경제 신문은 2가지 이상 매일 읽는 것이 좋다. 신문에 나오는 전문가의 말은 참고만 해도 된다.

신문 기사를 전부 읽지 않아도 괜찮다. 모든 기사의 내용을 이해하기도 힘든 데다가 시간이 오래 걸려서 흥미를 잃을 수 있다. 처음에는 관심 있는 내용 위주로 꾸준히 읽는 것에 목표를 두면 좋다. 신문을 읽다 보면 모르는 용어가 많이 나오는데 이는 검색해서 의미를 알아 두자. 경제 용어 공부를 꾸준히 하면 경제 기사가 점점 쉽게 이해된다.

신문 읽기가 익숙해지면 정부의 정책이나 기업의 동향을 살피면서 큰 그림을 그려야 한다. 정부가 정책을 발표하면 앞으로 어떤 변화가 일어날지 예상해 본다. 기업이 어디에 위치해 있고 이윤을 얼마나 냈는지, 연구소나 공장을 추가로 설립하는 지역이 어디인지 동향을 확인한다.

그리고 평소 관심 있는 지역을 찾으면서 호재를 정리하고 시세도 파악해 보자. 당장 돈이 없다면 모의 투자를 해 보는 것도 좋다. 호재가 있는 지역이 어떻게 변화하는지 보면서 흐름을 파악하면 투자할 때 큰 도움이 된다.

재테크 분야 책 읽기

독서 습관이 없거나 책 읽기가 힘들다면 저자의 투자 경험과 노하우가 중심으로 쓰인 책을 읽는 것이 좋다. 이해가 쉽고 공감도 되면서 자신의 현실을 돌아보게 된다. 관심 키우기도 좋다.

투자 책은 많이 읽을수록 좋다. 실패와 성공을 수없이 경험한 사람들의 몇 년, 몇십 년의 투자 노하우를 간접 경험할 수 있다. 책만 제대로 읽어도 실패를 어느 정도 피할 수 있다. 투자를 제대로 하고 싶다면 최근 출간 도서부터 투자 관련서는 전부 읽겠다는 생각으로 공부해야 한다. 그렇다고 많이만 읽는 것에 목표를 두지 말고 좋은 책은 여러 번 읽고 내 것으로 만드는 것이 좋다.

신문처럼 첫 책도 초보가 읽기에 어려운 용어가 많으면 흥미를 잃기가 쉽다. 투자 경험 위주의 내용은 최신 정보를 얻고 바로 실행할 수 있도록 최근에 출간된 책을 보는 것이 좋다. 저자의 경험과 투자 노하우들이 몇 년 전에나 가능했다면 지금은 써먹을 수가 없다. 자본주의나 돈의 흐름을 이해하고 싶다면 스테디셀러도 도움이 된다.

책은 도서관에서 빌려 읽어도 되지만 웬만하면 구매해서 읽기를 권한다. 재테크나 투자 책은 재미로만 읽으면 정작 실전에서는 기억이 나지 않는다. 특히 아파트 투자는 시작부터 매매까지 세심하게 신경 쓸 일이 많다. 잘못 계약했거나 투자하면 내 자산을 잃을 수도 있다. 그러니 공부할 때는 책에서 중요한 부분에 밑줄을 치며 읽어야 한다. 책을 사기가 어렵다면 도서관에서 책을 빌려 읽고 중요한 부분은 노트에 기록해 놓자.

책을 읽고 나서 의욕에 불타 바로 투자에 실행하는 사람들이 있다. 책은 인터넷처럼 바로 업데이트되는 정보가 아니다. 저자가 원고를 쓰고 책이 출판되기까지 최소 6개월은 걸린다. 그 사이 정부의 정책이 바뀔수도 있고 대출 상황 등 여러 변수가 생길 수 있다. 책으로 기초 지식과 정보를 얻는 용도로 책을 읽고 너무 의지하지는 말자.

온라인 커뮤니티에서 정보 얻기

신문 읽기와 독서만으로는 바로 투자하기 어렵다. 실시간으로 정보가 업데이트되지 않기 때문이다. 종이 매체와 인터넷 매체의 간극을 메우기 위한 해결책은 투자 책을 쓴 저자의 칼럼을 찾아 읽는 것이다. 전문가들의 재테크 블로그 또는 부동산 관련 카페에서 유용한 정보를 얻을 수 있다.

커뮤니티에서 바뀐 정부 정책과 새로운 호재가 부동산에 미칠 영향에 대한 전문가들의 의견을 들을 수 있다. 뉴스는 정보 전달만 할 뿐 구체적인 방법은 알려 주지 않아 초보자가 고민할 때가 많다. 그럴 땐 블로그나 카페에서 전문가들뿐만 아니라 다양한 투자자들의 의견을 참고하면 도움이 된다. 그리고 칼럼 등에 달린 댓글도 확인해야 한다. 반대하는 의견은 왜 그런지 이유도 함께 확인해야 한다.

커뮤니티는 휴대폰만 있으면 어디서든 내가 원하는 시간에 볼 수 있어서 편리하다. 관심사가 같은 사람들이 모여 있기 때문에 여러 의견을 한곳에서 접할 수 있다는 게 큰 장점이다. 커뮤니티 회원들을 통해 새로운 인사이트도 얻을 수도 있다.

　온라인 커뮤니티는 사람들의 심리를 파악할 수 있다는 것도 장점이다. 아파트 투자는 전문가의 분석만으로 투자를 잘하기가 어렵다. 사람들의 심리를 잘 읽어야 현명한 투자자가 될 수 있다.

　투자에 성공하려면 발 빠른 정보통이 돼야 한다. 그리고 그 정보가 나에게 진짜 기회인지, 거짓된 정보인지 판단할 안목이 필요하다. 그러기 위해서는 경제 신문, 책, 온라인 커뮤니티를 활용해 꾸준한 공부가 필요하다.

밖에만 나가도
투자 공부가 된다

전문가의 강의 듣기

온라인 커뮤니티에서 정보를 얻기도 하지만 강의를 신청해서 들을 수도 있다. 보통 정규 강의 전에 일일 특강의 기회가 제공된다. 수강료도 저렴하다. 일일 특강에 가서 강의자의 논조가 나와 잘 맞는지 들어본 후에 정규 강의를 등록할지 선택하면 된다.

정규 강의는 오프라인 강의를 듣는 것이 좋다. 궁금한 점도 직접 강의자에게 물어볼 수 있다. 함께 강의를 듣는 사람들과 의견을 나누고 투자 정보도 공유할 수 있다. 강의 시간이 안 맞는 사람들이나 지방에 있는 사람들을 위한 온라인 정규 강의도 개설된다.

강의자는 투자 선배다. 그들에게 비용을 지불하고 노하우를 전수받는 것은 실패를 줄이는 하나의 방법이다. 나보다 한 발 앞선 선배의 성공 경험을 직접 들으면 '나도 할 수 있다'는 자신감이 생긴다. 강의 비용이 비싸다고 아까워하지 말자. 그가 강의를 하기까지 얼마나 많은 시행착오와 실패를 겪었는지 일반인들은 모른다. 우리는 그보다 시행착오와 경험적 비용을 줄이고 더 빨리 투자에 성공할 수 있음을 이용하자.

임장하기

경제 신문 구독, 재테크 책 읽기, 온라인 커뮤니티 활동, 강의 듣기까지 했다면 이론 학습은 충분하다. 이 공부들을 꾸준히 하면 된다. 그다음은 현장 학습이다. 아파트 투자를 위해 직접 현장에 나가 물건을 조사하고 알아보는 활동을 '임장'이라고 한다. 앞서 아파트는 움직이지 않는 부동성의 특징이 있다고 설명했다. 그러므로 투자를 결정하기 전에 꼭 현장에 찾아가서 확인해야 한다.

임장을 하고 싶은데 어디를 가서 무엇을 해야 할지 모른다면 지금 내가 사는 지역부터 둘러보면 된다. 그리고 점점 다른 지역으로 범위를 넓혀 나가자. 다른 지역 아파트 가격에는 관심이 많으면서 정작 내가 사는 지역의 시세를 모르는 경우가 많다.

내가 살고 있는 지역은 일단 평소 다니던 동네라 마음이 편하다. 동네의 장단점은 물론 다른 지역에 사는 사람들이 모르는 정보도 자연스럽게 알고 있다. 그냥 다니던 동네도 '임장한다'는 마음으로 다니면 무심코 지나친 것들도 보이기 시작한다.

평소 집을 매수, 매도 할 때 말고는 동네 부동산에 들를 일이 없다. 임장을 하기 위해서는 꼭 부동산에 가야 한다. 부동산 사장님의 이야기를 들어 보면 우리 동네를 객관적으로 보게 된다. 동네 부동산에서는 편하게 사장님과 이야기를 나눌 수 있고 외부 투자자들이 모르는 정보도 얻을 수 있다.

동네에서 현장 경험을 했다면 내가 관심을 뒀던 다른 지역으로 임장을 가면 된다. 처음 가 보는 지역이라면 사전 조사가 필요하다. 아무 준비 없이 갔다가 부동산 사장님 말에 덜컥 계약하고 오는 실수도 하기 때문이다. 부동산 사장님의 정보가 맞을 때도 있지만 그 또한 내가 알고 듣는 것과 모르고 듣는 것은 천지 차이다. 미리 조사해서 궁금한 점을 갖고 부동산에 가도 늦지 않다.

먼저 아파트 시세를 조사해야 한다. 포털 부동산 사이트나 부동산 애플리케이션에서 관심 있는 아파트의 입주 년도, 세대수, 난방 방식, 평형, 평면도, 주차 가능 대수, 아파트의 방향, 층수, 과거 시세까지 모두 확인한다. 그리고 매매 시세, 전세 시세, 월세 시세를 본다. 매매라면 전세나 월세로 세입자가 살고 있는지 확인한다. 그 매물을 올려 놓은 부동산의 전화번호도 있어서 문자나 전화로 문의할 수 있다.

인터넷 조사가 끝났다면 부동산에 직접 전화해 궁금한 점을 물어보면 된다. 최소한 10군데 이상 전화해서 문의해 보길 바란다. 10군데 정도 전화해 보면 나와 대화가 잘되는 부동산, 능력 있는 부동산을 찾을수 있다. 전화로 궁금증을 해결했다면 이제 직접 부동산으로 가면 된다. 아파트에서 꼭 확인해야 하는 점이나 중개업소에 어떻게 해야 되는지는 뒤에서 살펴보자.

임장을 다녀왔다면 기록을 남겨야 한다. 지역, 아파트 이름과 특성부터 중개업소의 의견, 자신의 생각까지 모두 기록하면 더 좋다. 개인 블로그에 기록을 남기는 것도 좋은 방법이다. 그럼 커뮤니티에서 다른 사람들의 임장과 비교해 보고 놓쳤던 부분을 점검할 수도 있다. 인터넷 지도로만 보던 지역을 실제로 가 보면 또 다른 세상이 펼쳐진다. 부동산투자는 현장이다. 현장에서 모든 것이 이뤄진다.

지금까지 부동산 투자를 하기 전 꼭 해야 하는 공부법을 알아봤다. 고정 시간이 없다면 출퇴근길에 책을 보고 휴대폰으로 틈틈이 커뮤니티와 강의를 들으면 된다. 주말에 가족과 나들이 간다는 생각으로 임장을하면 특별히 시간을 많이 쏟지 않아도 충분히 할 수 있다.

아파트 투자 고수의
특징 5가지

아파트 투자에도 개미 투자자와 투자 고수가 존재한다. 개미 투자자들은 개미 투자자와 투자 고수를 구분하지 못한다. 하지만 투자 고수는 고수를 알아본다. 대화만 몇 마디 나누면 그 사람이 개미 투자자인지 고수인지 알 수 있다. 고수도 개미 투자자로 시작했기 때문이다.

투자를 시작하는 사람은 이왕이면 고수가 되기 위해 노력해야 한다. 그런데 문제가 있다. 많은 개미 투자자가 자신이 고수라고 생각한다는 것이다.

과연 자신에게 투자 고수의 면모가 있는지 특징을 살펴보자.

투자 준비에 돈을 아끼지 않는다

투자 고수들은 투자하고자 하는 지역과 주택을 철저히 조사하고 분석한다. 하지만 개미 투자자들은 공부가 게으르다. 직접 아파트를 사고 팔아야만 투자를 했다고 생각한다. 공부보다는 누군가의 말에 휘둘리고 사고파는 것에만 집중한다. 그래서 개미 투자자들은 '왜 이 아파트를 샀어요?'라는 물음에 정확하게 대답하지 못한다. 투자 고수들은 투자 수익은 시간과 돈을 쓴 만큼 돌아온다는 사실을 알고 있다.

투자 고수들은 정보를 얻는 데 돈을 아끼지 않는다. 항상 책을 사서 읽고 유료 강의를 듣는다. 때로는 전문가의 의견을 참고하기 위해 유료 상담도 받는다. 이렇게 투자 공부를 하는 데 쓰는 비용을 전혀 아깝다고 생각하지 않는다. 그리고 법무사와 세무사에게 상담비를 내고 세금 문제를 미리 준비한다. 이 또한 투자의 한 부분으로 생각하기 때문에 당연히 돈을 투자해야 한다고 생각한다. 개미 투자자들은 이런 것들에 돈을 아까워한다.

어떤 상황에도 흔들리지 않는다

주택 시장이 활발하다가 위축되거나 차갑다가 뜨거워지면 사람들이 웅성대기 시작한다. '가격이 오를 것이다, 내릴 것이다' 설레발치는 사람이 많다. 개미 투자자들이다. 이 시기에는 개미 투자자들이 자신이 아는 경제 용어와 부동산 용어를 다 써먹으면서 잘난 체하고 다닌다. 속으로는 내가 산 아파트 가격이 떨어질까 봐 불안해하면서 말이다. 자신의 예측이 어긋나면 조용히 사라진다.

투자 고수들은 어떤 상황에서도 말이 없다. 아파트 시장은 예측할 수 없다는 점을 알고 투자했기 때문이다. 불안해하는 것도 잠시뿐 크게 요동치지 않는다. 투자한 아파트의 가격이 매수한 가격보다 더는 떨어지지 않을 가격에 매수했기 때문이다. 흔들리지 않을 아파트를 샀기 때문에 흔들리지 않는다.

때를 알고 기다린다

투자 고수들은 자신만의 투자 원칙이 있다. 또한 자신만의 안목으로 매도와 매수 타이밍을 잡는다. 매도와 매수 타이밍을 스스로 잡는다는 것은 '때'를 안다는 것이다. 시장의 흐름이 좋지 않을 때는 참을 수 있어야 하고 잘못 투자했을 때는 과감히 손절매도 한다. 투자 물건을 놓치더라도 다음 기회를 기다릴 줄 안다.

투자 고수들은 때를 기다릴 줄 알고 때가 됐다면 절대 놓치지 않는다. 때를 기다리고 때를 놓치지 않으려면 인내심과 자금력이 필요하다. 투자 고수들은 적절한 시기를 기다릴 인내심과 결정적인 순간에 투자할 자금력을 준비하고 있다.

반대로 개미 투자자들은 인내심과 자금력이 없다. 그래서 매도는 성급하게, 매수는 느리게 한다. 개미 투자자들은 남의 행동을 더 주시하기 때문에 수익이 작아도 불안하면 매도해 버린다. 내가 팔기 전에 가격이 더 하락할까 봐 불안한 것이다. 그리고 매수해야 할 때가 왔는데 자금력이 부족해 매수를 못 한다. 뒤늦게 오른 가격에 매수하니 수익이 적다.

미래 가치에 집중한다

투자 고수들은 좋은 물건을 찾아 싸게 산다. 좋은 물건이란 미래에 수요가 많을 아파트다. 당장의 수요보다 미래에 이 아파트를 살 사람들이 얼마나 있느냐가 중요하다. 현재 가격이 아닌 미래에 상승한 가격으로 말이다. 그렇다면 미래에 가격이 오르고 수요가 넘칠 아파트를 선택해야 한다. 고수들이 지금 싸게 샀다는 말은 미래 가치를 기준으로 이야기하는 말이다. 이 말은 비싸도 사야 할 것은 사야 한다는 뜻이다.

개미 투자자들에게 저렴하다는 의미는 다르다. 개미 투자자들은 과거 시세를 기준으로 판단한다. 3개월에서 1년 전의 시세보다 저렴하면 싸게 샀다고 생각한다. 미래 가치가 아닌 현재 가격이 기준인 것이다. 현재 아파트 가격이 과거 시세보다 싸다면 그 이유를 파악하고 분석해야 한다. 투자 가치가 낮다면 가격이 저렴하더라도 투자해서는 안 된다. 아파트는 싸다고 아무거나 사면 안 된다.

아파트를 샀다 팔았다 하지 않는다

투자 고수들은 아파트를 매수할 때부터 오래 가져갈 아파트를 선택한다. 정말 돈이 필요한 상황이 아니라면 팔지 않는다. 그래서 저평가된 아파트를 사서 아파트가 커질 때까지 계속 기다린다. 오래 가져갈 아파트를 찾다 보니 선택부터 신중하다. 그 아파트에서도 로얄동, 로얄층을 잡는다. 매입한 후에는 그 아파트에 크게 신경 쓰지 않는다. 어차피 장기적으로 오르기 때문이다.

아파트 시장은 계단형 사이클을 그린다. 만약 아파트값이 1억 원 → 5,000만 원 → 1억 원 → 5,000만 원 → 1억 원 한다면 5,000만 원에 사서 1억 원에 팔고 다시 5,000만 원이 될 때까지 기다렸다 1억 원에 팔면 된다. 하지만 아파트 시세는 이런 식으로 변동한다.

1억 원 → 7,000만 원 → 1억 2,000만 원 → 9,000만 원 → 1억 5,000만 원 → 1억 3,000만 원 → 2억 원

집은 한 번에 오르지 않지만 돈의 가치가 떨어지면서 우상향하게 돼 있다. 그래서 내가 산 금액보다 높은 금액에 매도했더라도 그 금액에 다시 살 수 있을 가능성은 매우 낮다.

샀다 팔았다 하는 전략으로는 큰돈을 벌 수 없다. 일단 아파트를 매입할 때 취득세, 부동산 수수료, 등기 비용 등 매매가의 2~12% 이상을 지불해야 한다. 팔 때도 마찬가지다. 양도세, 부동산 수수료 등 비용이 나간다. 양도세가 50%라고 가정해 보자.

첫 번째 아파트를 3억 원에 샀는데 1년 내 4억 원으로 올라서 매도한다. 거래 비용을 빼고 계산했을 때 1억 원의 양도세 5,000만 원을 내면

5,000만 원이 남는다. 매매 금액 3억 원과 수익 5,000만 원으로 총 3억 5,000만 원으로 어디를 살 수 있을까? 이미 이 아파트가 4억 원이라면 다른 아파트도 올랐을 확률이 높다. 이 지역의 아파트는 이제 매수하기 힘들다는 뜻이다.

다른 지역에 3억 5,000만 원을 주고 두 번째 아파트를 매수한다. 1년 뒤 가격이 올라 4억 5,000만 원이 돼서 매도한다. 양도세 5,000만 원을 내고 총 4억 원을 갖게 된다. 이제 4억 원으로 어디를 살 수 있을까? 4억 원으로 살 수 있는 아파트는 2년 사이 없어질 가능성이 크다. 이미 첫 번째 아파트는 1년 사이 4억 원이 됐고 두 번째 아파트에 투자한 1년 동안 첫 번째 아파트는 더 올랐을 가능성이 크다. 두 번째 아파트는 지금 4억 5,000만 원이니 살 수 없다.

3억 원을 투자해서 2년 만에 1억 원을 벌다니, 초보 투자자들에게는 놀랄 일이다. 반면 고수들은 어떻게 할까? 첫 번째 아파트의 매매가가 올랐다면 전세가도 올랐을 것이다. 그렇다면 기다렸다가 오른 전세 가격으로 다른 아파트를 매수한다. 그렇게 한 채 한 채 늘려 가면서 매수한 아파트들을 팔지 않는다. 여러 채를 통해 오른 전세금을 받으며 현금 흐름을 만들고 시세 차익도 본다.

물론 아파트를 샀다 팔았다 하는 단기 전략도 돈을 벌 수는 있지만 거래 비용과 양도세로 나에게 들어오는 수익의 결과는 적을 것이다. 그리고 한 채를 샀다 팔았다 또 다른 한 채를 샀다 팔았다 하면 나중에는 투자할 곳이 없을 수도 있다. 산 아파트들을 팔지 않았더라면 자산이 몇십배가 될 것이다. 결국 단타는 아파트 투자에 맞지 않는 전략이다. 이렇게 이득을 보는 곳은 세무당국과 부동산 중개인들이다.

지금까지 투자 고수들의 특징 5가지를 살펴봤다. 이 특징들을 보면서 나는 개미 투자자인지 고수 투자자인지 생각해 보자. 처음 아파트를 투자하는 초보라면 이 5가지를 꼭 알고 지키며 고수 투자자의 길을 걸어가길 바란다.

아파트 시장의 흐름을 타는 법

물건의 값은 어떻게 형성될까? 가격이란, 상품의 가치를 돈으로 나타낸 것이다. 우리는 돈을 수단으로 물건을 사고판다. 빵이 1,000원이라면 빵을 사는 사람과 파는 사람이 빵과 1,000원을 맞바꾸는 것이다. 가격은 물건에만 있는 것이 아니다. 서비스에도 있다.

미용실을 예로 들면 커트가 1만 원인 곳부터 5만 원인 곳까지 다양하다. 기본 커트 가격이 1만 원 미용실에 가면 머리만 자르는 것이 전부다. 반면 5만 원 미용실에 가면 머리도 감겨 주고 음료부터 각종 서비스를 제공해 준다. 5만 원이라는 가격에 커트와 서비스 가격이 포함된 것이다.

가격은 오르기도 하고 내려가기도 한다. 가격이 변하는 이유는 수요와 공급 때문이다. 수요는 재화나 서비스를 사려고 하는 것이고 공급은 재화나 서비스를 팔려고 하는 것이다.

구매자는 싸게 사고 싶고 판매자는 비싸게 팔고 싶다. 가치의 균형점을 찾아 구매자와 판매자의 동의하에 결정되는 것이 가격이다. 모든 물건의 가격은 수요와 공급이 일치되는 시점에서 결정된다.

수요

수요와 공급의 법칙은 아파트 시장에도 있다.

한 지역에 A 아파트와 B 아파트가 100세대씩 총 200세대가 있다고 하자. A 아파트와 B 아파트 가격은 각각 1억 원이다. 1억 원은 사람들(수요)과 아파트(공급)에 따라 만들어진 가격이다.

그런데 이 지역에 기업이 들어오면서 일하는 사람 100명이 집을 구한다. 이 지역 아파트는 총 200세대인데 살고 싶어 하는 사람은 300명이다. 그럼 아파트 가격이 1억 원을 유지할까? 당연히 오른다. 수요는 증가하고 공급은 그대로일 때 가격은 올라간다.

이 상황에서 A 아파트가 재건축을 하게 됐다. A 아파트 100세대가 없어지고 B 아파트 100세대만 남는다. 집을 구하는 사람은 300명인데 남은 아파트는 100세대다. 100세대 만큼의 공급이 줄어들어 가격이 또 오른다.

이 지역에 아파트 재건축이 진행되고 기업이 더 들어온다고 소문이 나면서 투자자가 유입되기 시작한다. 투자 수요가 증가하면서 기본 수요가 더 증가한다. 투자 수요의 증가는 실수요자의 증가 때보다 더 가격이 상승됨을 의미한다.

예시처럼 아파트값도 수요와 공급에 따라 변한다. 그중에서도 수요의 움직임이 가격에 큰 영향을 준다. 우리는 수요가 증가할 곳을 찾아야 한다. 교통이 좋아지고 지역이 발전될 곳에 미리 투자하면 된다. 이미 살기 좋은 곳은 수요가 많다. 그래서 가격도 비싸다.

하지만 지금 누구나 살기 좋은 곳도 한때는 인식이 안 좋은 지역이었다. 강남도 1970년대에는 논밭뿐이었고 그 시절 사람들은 강남에 누가 사느냐고 했다. 하지만 지역이 개발되고 교통이 좋아지면서 주요점이 됐다. 살기가 좋아지니 자연히 수요가 늘어났다.

많은 사람이 아파트란 아파트는 가격이 전부 올라서 투자할 곳이 없다고 한다. 이렇게 말하는 것은 이미 개발과 발전이 된 지역만 보기 때문이다. 1970년대 강남에 투자했다면 돈을 많이 벌었을 것이다.

지금도 사람들은 그 기회를 계속 놓치고 있다. 지역의 발전과 좋은 입지는 반드시 수요를 부른다. 그 수요가 또 다른 수요를 부른다. 살기 좋다고 소문이 나면 그때서야 사람들이 관심을 보이고 금세 실수요와 투자 수요까지 늘어나면서 가격이 올라간다.

아파트 시세를 올리고 내리는 데는 투자 수요가 큰 역할을 한다. 실수요는 갑자기 줄어들거나 늘어날 수 없다. 한 아파트에 갑자기 많은 세대가 이사 가고 오는 일은 거의 없다. 그래서 투자 수요의 규모를 항상 주시해야 한다. 투자 수요가 실수요보다 많아지면 가격이 오르니 투자 수요가 갑자기 늘어나면 가격이 급등하지 않았는지 체크해야 한다.

매매가가 갑자기 급등하면 초기 투자자들과 매도를 기다린 실수요자들이 빠져나간다. 뒤늦게 매수한 투자자들과 나머지 실수요자들만 남는다. 가격이 여기서 더 오르려면 투자 수요가 들어와야 한다. 그러나 투자자들은 가격이 올라 수익이 예상되지 않으니 투자하지 않는다. 실수요자들은 살던 아파트를 오른 가격에 매수할 생각이 없다. 가격은 다시 하락하기 시작한다. 우리는 이런 흐름에 휩쓸려 뒤늦게 투자하는 투자자가 돼서는 안 된다.

실거주 수요와 투자 수요를 어떻게 확인할 수 있을까? '자가점유율'로 알 수 있다. 자가점유율이란, 자기 소유의 주택에 자기가 사는 비율이다. 거주하지는 않지만 자기 주택을 소유한 비율은 '자가보유율'이라 한다. 보통은 자가점유율보다 자가보유율이 높다.

집이 없는 사람이 집을 사서 그 집에 거주하면 자가점유율이 높아진다. 갑자기 투자 수요가 많아져 그 지역의 자가점유율이 낮아지면 전월세가 많이 나온다. 임대 시장이 불안해질 수 있다. 반대로 실수요자가 늘어 자가점유율이 높아지면 거래가 줄어들어 가격에 영향을 미친다.

투자 수요 급등	자가점유율 ↓	전월세 많아짐	전월세 가격 ↓
투자 수요 급락	자가점유율 ↑	매매 거래 없어짐	매매 가격 ↓

투자 수요가 너무 많아도, 너무 적어도 문제가 된다. 투자 수요가 자가점유율보다 더 높은 곳이 좋다. 투자 수요가 더 많으면 자가점유율이 낮다는 뜻이다. 자가점유율이 50% 이하인 아파트는 입주자 반 이상이 세입자라는 뜻이다. 투자하기 전에는 자가점유율을 확인하고 그 아파트의 전세가율도 확인해야 한다. 그렇다면 왜 세입자들은 이 아파트를 사지 않고 전월세로 살까?

자가점유율이 50% 이하, 전세가율이 높은 A 아파트가 있다. 전세가율이 높다는 것은 전세가와 매매가 차이가 크지 않다는 뜻이다. 그렇다면 전세로는 살고 싶은데 매매해서 살 마음은 없는 것이다. 이곳은 잠깐 거주하기는 좋지만 미래 가치가 없다고 판단한다.

B 아파트는 자가점유율 50% 이하, 전세가율이 낮은 아파트다. 전세가율이 낮다는 것은 전세가와 매매가의 차이가 크다는 뜻이다. B 아파트에 사는 세입자들은 B 아파트를 사고 싶지만 너무 비싸서 못 산다고 봐야 한다. 미래 가치가 높은 아파트다.

자가점유율 50% 이상	전세가율 ↓	미래 가치 ↑	투자 금액 ↑
자가점유율 50% 이하	전세가율 ↑	미래 가치 ↓	투자 금액 ↓

[그래프 5]에서 전국과 7대 도시의 자가점유율이 시간이 지나면서 어떻게 바뀌었는지 살펴보자.

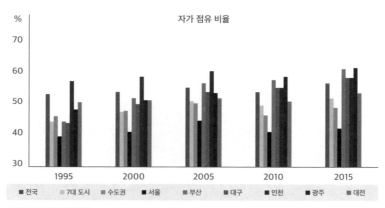

[그래프 5] 자가점유율(2015년 기준, 통계청 인구 주택 총조사)

공급=입주 물량

아파트 투자에서 공급은 어떻게 확인할까? 수요는 예측하기 힘들고 정해진 숫자가 없다. 하지만 공급은 정해진 숫자를 알 수 있다. 입주 가능한 분양 세대수의 합을 '입주 물량'이라고 한다. 이런 입주 물량을 '확정된 공급'이라고 한다.

아파트를 분양하면 입주까지 약 2년에서 2년 6개월 정도가 걸린다.

그래서 올해 입주 물량을 확인하고자 하면 2년 전 분양 내용을 확인해 보면 된다.

아파트 투자를 할 때 왜 입주 물량을 확인해야 할까?

예를 들어 한 지역에 1만 세대가 입주하는 아파트가 있다. 1만 세대 아파트가 전부 실거주 수요는 아니다. 투자 수요가 5,000세대, 실수요가 5,000세대라고 가정해 보자. 투자 수요는 전세나 월세를 놓을 것이다. 그럼 5,000세대가 한꺼번에 전월세 물량으로 나온다. 투자 수요는 전세를 맞추기 위해 전세가를 계속 낮추게 된다. 이렇듯 공급이 많으면 전세가에 영향을 미친다.

공급이 많을 때는 다른 기회를 잡을 수 있다. 낮은 전세가로 현금이 많이 투자돼 매도하려는 사람들이 있다. 대출이 안 되거나 사정이 생겨 입주를 못 하는 사람들도 있다. 그럼 매도 수요가 많아져 매매 가격도 영향을 받는다. 이때 전세를 주기에는 내 돈이 많이 들어가니 매수하여 직접 거주할 수 있다. 이는 입지가 좋은 곳이나 좋아질 곳에 공급이 몰릴 때 활용하면 좋다.

관심 있는 지역의 아파트에 투자하기 전에는 향후 3년간 공급량을 꼭 확인하자. 그리고 그 주변 지역의 입주 물량까지 함께 확인하자. 입주 물량이 많을 때 매수해서 직접 거주하는 투자도 가능하다. 지역을 기준으로 동서남북 모두 살펴야 한다.

예를 들어 분당구 판교에 관심이 있다면 성남시 전체, 용인시, 안양시, 의왕시, 과천시, 수원시, 서울시 강남구, 서울시 송파구까지 확인한다.

나는 남편에게 아파트를 선물했다

아파트 투자의 원칙,
위험 분산

어떤 종목의 투자를 시작하든 누구에게나 두려움은 있다. 처음 투자를 하는 사람들에게 무엇이 가장 두려운지 물어보면 '손해'라고 말한다. 역시 가장 큰 두려움은 원금 손실일 것이다. 누구나 똑같은 마음이다. 오르지 않아도 좋으니 제발 손해만 보지 않기를 바란다. 주식, 채권, 펀드, 부동산 등 어떤 종목을 막론하고 원금을 잃고 싶지는 않다. 아파트 투자를 할 때도 마찬가지다. 우리는 적어도 원금을 잃지 않는 투자를 해야 한다.

아파트 시장은 예측이 가능하다. 하지만 정부의 정책이나 갑작스러운 상황으로 생각지 못한 변수가 생겨 아파트 시장은 위축되거나 활발

해지기 마련이다. 심리적인 요인도 아파트 시장에 영향을 준다. 변화의 영향은 지역마다 다를 수 있다.

예를 들면 정부의 정책으로 인해 서울만 오르고 수도권은 내려갈 수 있다. 또 수도권 중에서도 어떤 지역은 가격이 오르고 어떤 지역은 정체 될 수 있다. 이런 불가피한 문제로부터 나의 원금을 지키는 방법은 분산 투자다.

지역

아파트는 어떻게 분산 투자를 할까? 다른 투자라면 여러 회사, 위험도 가 다른 여러 상품, 나라별로 자금을 나누면 된다. 아파트는 먼저 지역 을 나눈다. 지역을 분산해서 투자하면 지역에 대해 공부하고 분석하면 서 부동산의 전체 흐름을 알 수 있다. 투자한 지역만 보지 않고 그 옆 지 역까지 함께 보게 되기 때문이다. 한 지역에만 집중하면 정보도 기사도 그 지역의 것만 듣고 보게 된다. 우물 안 개구리가 되기 쉽다.

예를 들어 서울시 강남구에 투자한다고 하자. 그렇다면 강남구만 보 지 않는다. 서초구, 송파구, 강동구까지 지역의 범위를 넓혀 비교 분석 하게 된다. 그래야 자신이 투자한 지역을 객관적으로 판단할 수 있다.

같은 지역 A 아파트에 1억 원, B 아파트에 1억 원을 투자했다고 하 자. 같은 지역이지만 다른 아파트를 선택했기 때문에 분산 투자를 했다 고 생각할 수 있다. 그런데 A 아파트의 매매가가 2,000만 원이 떨어져서

8,000만 원이 됐다면 B 아파트는 1억 원 그대로일까? 같은 지역이라면 같이 떨어질 확률이 높다.

각각 다른 지역에 투자했다고 해 보자. A 지역에 1억 원, B 지역에 1억 원을 투자한다. A 지역 아파트의 매매가가 2,000만 원이 떨어져 8,000만 원이 됐다. B 지역은 2,000만 원이 올라 1억 2,000만 원이 됐다. 그렇다면 내 원금 1억 원은 지켰다. A와 B의 지역은 가깝지 않다는 조건이다. 가까운 지역은 영향을 같이 받는다.

이는 예시일 뿐이다. 왜냐하면 아파트를 팔지 않았기 때문에 손해라고 볼 수 없다. A 지역은 오를 가능성이 있다면 기다리면 된다. B 지역도 더 오를 가능성이 있다면 안 팔아도 된다.

문제는 매매가보다 전세가가 영향을 받았을 때다. A 지역, B 지역의 변동된 매매가는 급하게 매도하지 않아도 되면 큰 문제가 없다. 하지만 전세가의 변동은 다르다. 같은 지역에 A 아파트와 B 아파트를 투자했는데 전세가가 2,000만 원씩 떨어졌다. 그렇다면 4,000만 원이 필요하다. A 아파트, B 아파트에 사는 세입자가 전출할 때 각각 2,000만 원씩을 주고 새로 전세자를 구해야 한다.

투자한 A 지역 아파트의 전세가는 2,000만 원이 떨어졌지만 B 지역 아파트의 전세가는 2,000만 원이 올랐다고 하자. 그럼 B 지역 아파트에서 전세금 2,000만 원을 받아 A 지역의 전세금으로 사용하면 된다.

통장에 여윳돈이 있다면 같은 지역 A 아파트, B 아파트의 전세금으로 충당할 수 있겠지만 4,000만 원으로 다른 곳에 투자할 기회비용, 즉 돈과 시간을 잃는다. 그리고 전세가 떨어질 것 같은 불안감에 거액을 통장에 넣어 두고 사는 사람들은 드물다. 시세가 얼마나 떨어질지 예측하고 딱 그만큼 돈을 넣어 두는 사람도 없다. 보통 전세가가 오를 것이라고 생각하고 투자하지, 떨어질 것 같아서 투자하는 사람은 없기 때문이다.

'B 지역에 아파트만 2채 투자했더라면 2,000만 원씩 올라 4,000만 원의 수익이 있었을 텐데.'

투자자는 이렇게 생각할 수도 있다. 대세 상승기에는 집중 투자가 수익률이 높지만 침체기나 하락기에는 분산 투자가 손실을 줄인다. B 지역의 시세가 오른다는 확신이 100%라면 집중 투자를 해도 된다. 하지만 100% 확신할 수 있는 사람이 있다면 왜 우리나라 부동산 전문가들은 본인을 100% 믿지 말고 스스로 공부해서 결정하라고 말하겠는가?

종목

지역을 분산했다면 그다음은 종목이다. 그럼 아파트 투자에 대해 더 많이 알게 되고 다양한 경험을 할 수 있다. 임대 수익만을 목표로 월세를 주는 사람들은 오피스텔을 위주로 보게 되고, 갭 투자를 하는 사람들은 전세가율이 높은 아파트만 본다. 재건축, 재개발로 수익을 내는 사람들은 그런 주택만 보고 빌라 투자를 하는 사람들은 빌라만 본다. 그렇다면 이 종목에 전부 투자하는 사람들은 수익을 떠나 경험이 어마어마할 것이다. 당연히 나중에는 수익도 높게 가져간다.

어떻게 이 종목들에 분산 투자를 한다는 말인가? 처음부터 모든 종목에 투자하기는 어렵지만 꼭 하나만 고집하지 말고 여러 방면에 관심을 두면 좋겠다. 대출을 받아 임대만 하는 사람은 대출 규제 정책이 나오면 다른 투자에 접근을 못 한다. 갭 투자만 하는 사람들은 전세가율이 높아야 사는데 전세가율이 낮아지면 갭 투자를 못 한다. 분양권 투자만 하는 사람들도 전매 제한 정책이 발표되면 분양권 투자도 쉽지 않다. 이렇게 1가지만 고집하면 다른 종목에 대한 투자 기회를 잃는 것이다.

한 종목만 고집하지 말고 여러 가지를 해 보기를 바란다. 임대할 때 전세도 줘 보고 월세도 받아 보길 바란다. 구축 아파트 투자를 해 봤다면 신축 아파트에도 투자해 보길 바란다. 일반 주택 매매 투자만 해 봤다면 분양권 투자도 해 보길 바란다.

여러 투자를 경험하다 보면 다른 투자자들보다 투자금 환수가 늦을 수도 있다. 조급해하지 않아도 된다. 경험으로 쌓은 투자 실력으로 당신은 크게 성장할 것이며 꾸준히 수익을 내는 투자자가 될 것이다.

시간
처음 아파트에 투자한다면 한 번에 여러 채를 매입하는 것은 권하지 않는다. 운이 좋아서 한 번 투자로 큰돈을 벌 수도 있겠지만 장기적으로는 성공할 확률이 낮다. 잘 모르는 종목이나 지역에 투자한 사람들은 더욱 그럴 것이다. 투자에는 내가 생각지 못한 변수가 많다.

예를 들어 아파트 투자를 하기 위해 1억 원을 모았다고 하자. 매매가는 2억 원, 전세가는 1억 7,000만 원인 아파트가 있다. 전세가와 매매가가 3,000만 원 차이라서 1억 원으로 3채를 구매하려고 한다. 이후 매매계약서를 쓰고 부동산에 전세를 내놓는다. 그런데 금방 구할 것 같았던 세입자가 통 구해지지 않는다. 잔금일은 가까워 오고 발을 동동 구르기 시작한다. 그것도 3채가 되니 더 불안하다. 투자금 1억 원을 다 썼기 때문에 잔금을 치를 돈도 없다.

1억 원으로 아파트를 1채만 샀다고 하자. 매매가는 2억 원, 전세가는 1억 7,000만 원이다. 그럼 3,000만 원이 투자금이 되고 7,000만 원이 남는다. 세입자를 구하지 못하고 있다고 해 보자. 문제를 해결할 첫 번째 방법은 대출을 받는 것이다. 비규제 지역의 경우 대출이 70%까지 나온다고 가정하면 내 돈 30%만 있으면 된다. 매매가가 2억 원이면 1억 4,000만 원이 대출로 나온다. 그리고 6,000만 원만 있으면 일단 잔금을 해결할 수 있다. 그 후 전세를 내놓으면 된다.

두 번째 방법은 전세를 시세보다 저렴하게 내놓는 것이다. 전셋값이 1억 7,000만 원일 때 1억 5,000만 원으로 낮추면 세입자를 빨리 구할 수 있다. 1억 5,000만 원으로 전세금을 낮추면 투자금이 5,000만 원이 된다. 만약 3채를 한 번에 계약했다면 1채당 2,000만 원씩 총 6,000만 원이 더 필요하다.

이렇듯 한 번에 몇 채씩 투자하기보다 시차를 두고 투자하는 것이 좋다. 한 번에 한 채씩 전세 임차인을 맞추고 다른 곳에 투자하길 권한다. 잔금부터 치르고 내가 산 지역과 아파트의 흐름을 지켜본 후에 더 투자해도 늦지 않다. 시차를 두고 투자하면 수익도 시차를 두고 생긴다. 이는 큰 이득이다.

투자에서 첫 번째 원칙은 '원금을 잃지 않는 것'이다. 큰 수익을 얻기 위해 투자를 시작하지만 그렇다고 수익에만 집착하면 원금까지 잃는 경우가 많다. 부동산 투자에서 원금을 잃지 않는 방법은 지역, 종목, 시간을 분산하는 것이다. 여러 지역에 여러 가지 투자 방법(종목)을 시차를 두고 투자한다면 수익률을 극대화할 수는 없지만 최소한 원금은 잃지 않을 것이다.

이 같은 분산 투자가 절대 쉬운 일이 아니다. 낯선 지역에서 이 모든 것을 지켜 가며 투자처를 찾으려면 충분한 조사와 분석이 필요하다. 그만큼 분산 투자는 오래도록 충분히 수익으로 보답할 것이다.

랜드마크 아파트로
저평가 아파트 찾는 법

모든 투자의 목적은 수익이다. 수익을 많이 내려면 처음부터 싸게 사야 한다. 우리는 시장에 가면 콩나물 값도 깎으려고 한다. 백화점에서도 세일 상품이 제일 먼저 눈에 보이고 인터넷 쇼핑몰에 수시로 들어가 보는 것도 내가 원하는 물건을 싸게 사기 위해서다. 저렴한 상품이든 비싼 상품이든 1,000원이라도 더 싸게 사고 싶은 게 사람 마음이다. 꼭 필요한 물건도 더 싸게 사기를 원하는데, 투자를 할 때는 어때야 하겠는가? 수익이 목표인 만큼 수익률을 높이기 위해서는 더 저렴하게 사야한다.

아파트를 싸게 사야 투자 수익률이 높아지는 건 당연하다. 단 조건이 있다. 저렴하게 산 아파트가 가격이 올라야 한다는 것이다. 싸다고 샀는데 가격이 안 오르면 의미가 없다. 모든 투자가 마찬가지지만 특히 아파트는 저렴하다는 이유만으로 사면 안 된다. 저평가된 아파트를 싸게 사야 한다. 사람들은 아파트 가격이 올랐을 때 '그 아파트가 싼 거였구나' 하고 깨닫는다. 우리는 '몇 년 뒤, 그 아파트가 저렴했음'을 지금 미리 알아야 한다.

아파트 가치 판단하는 법

사고 싶은 아파트가 가격이 싼지 비싼지 판단이 어려울 때가 있다. 그럼 그 지역의 랜드마크 아파트부터 찾아보자. 랜드마크 아파트란 그 지역을 대표하는 아파트로, 대장 아파트라고도 한다.

보통 랜드마크 아파트는 그 지역에서 사람들이 가장 많이 살고 싶어 하는 아파트다. 그래서 가격도 그 지역에서 가장 비쌀 경우가 많다. 그렇다면 그 지역 내 유사한 입지의 다른 아파트를 찾아보자. 그리고 랜드마크 아파트와 시세를 비교하자.

용인시 기흥구 아파트를 예로 들어 보자. 2019년 3월 기준 '힐스테이트기흥'의 36평이 약 6억 5,000만 원이다. '기흥효성해링턴플레이스'는 34평이 약 3억 4,000만 원이다. '힐스테이트기흥'과 3억 원 정도가 차이 난다. '흥덕지구 7단지 힐스테이트'는 34평이 약 5억 5,000만 원이다. '기흥효성해링턴플레이스'와 약 2억 원이 차이 난다.

	힐스테이트기흥	기흥효성 해링턴플레이스	흥덕지구 7단지 힐스테이트
평수	36평	34평	34평
지하철	기흥역(분당선)	기흥역에서 약 2.5km	광교중앙역에서 약 4km
학교	초등학교 도보 10분	초등학교 도보 5분	초등학교 도보 10분
입주 년도	2018.8	2019.3	2010.8
세대수	976세대	1,679세대	570세대
2019년 4월 시세	약 6억 5,000만 원	약 3억 4,000만 원	약 5억 5,000만 원
2020년 4월 시세	약 8억 5,000만 원	약 5억4,000만 원	약 6억 5,000만 원

2019년 4월 기준 34평 가격 비교(네이버부동산 KB 시세 참고)

표를 보면 2019년 3월부터 입주를 시작한 '기흥효성해링턴플레이스'가 당시 저평가됐음을 알 수 있다. 랜드마크 아파트와 비교할 때는 가격이 가장 중요한데, 왜 저렴한지 그 원인을 파악해야 한다. 지하철과의 거리, 학교, 입주 년도, 세대수 등 비교하는 아파트의 다른 요소들도 랜드마크 아파트와 함께 정리해 본다.

모든 아파트는 장단점이 있다. 그것이 주관적인 요소일 수도 있다. 예를 들면 '힐스테이트기흥'은 초역세권 아파트다. 상권도 발달했다. 지하철역과의 거리와 편의 시설에 우선순위를 둔 사람들은 '힐스테이트기흥'으로 갈 것이다. 초등학교가 가깝고 조용한 숲세권 신축 아파트를 원하면 '기흥효성해링턴플레이스'를 선택할 것이다. 광교신도시와 가깝고 광교호수공원을 도보로 갈 수 있으며 숲세권에 살기를 원하면 '흥덕지구 7단지 힐스테이트'를 선택하면 된다.

이렇게 같은 지역 내에서도 각자의 상황에 맞는 아파트를 선택한다. 중요하게 생각하는 요소도 다르니 가격도 모두 오르는 것이다.

랜드마크 아파트는 지역마다 바뀌므로 사람들이 가장 많이 찾고 인기 있는 아파트와 주변 아파트를 비교해도 좋다. 중요한 점은 랜드마크 아파트가 가격이 올라야 다른 아파트도 오른다는 것이다. 랜드마크 아파트의 실수요자가 증가하는지 확인해 보자. 그리고 그 지역에 기업이나 병원이 생길 예정이라 일자리가 늘어나는지도 확인한다. 교통이 더 좋아질 호재가 있는지도 살펴본다.

랜드마크 아파트의 호재만이 아니라 내가 관심 있는 아파트의 호재도 함께 조사해야 한다. 아파트 앞에 지하철역이 생기는 등 주변 환경이 바뀔 여지가 있는지 알아본다. 랜드마크 아파트와 비교해서 싸다고 무조건 사면 안 된다. 관심 있는 아파트는 물론 비슷한 조건의 아파트의 주변 상황과 호재를 함께 검토하라.

관심 있는 물건이 랜드마크 아파트일 경우는 현재 가격이 적정한지 판단해야 한다. 매수하기에 부담되는 가격이지만 수익이 보장되고 안전한 투자가 될 수 있다. 리스크가 낮고 안전할수록 가격이 비싸다. 저평가 아파트를 찾기도, 분석하기 힘들다면 아예 랜드마크 아파트를 사면 된다. 수익률은 좀 낮지만 가격이 하락할 가능성 또한 낮고 매도할 때 안 팔릴 걱정도 덜하다.

전세가율로
저평가 아파트 찾는 법

'전세가율'은 매매가 대비 전셋값의 비율이다. 매매가가 1억 원인 집의 전세가 5,000만 원이면 50%, 전세가 8,000만 원이면 80%라고 한다. 매매가 대비 전세가 비율이 높다면 실수요자가 많다고 볼 수 있다. 매매 수요에는 실거주자와 투자자가 섞여 있다. 하지만 전세 수요는 거주 목적의 수요자들이다. 5년 뒤에 지하철역이 생긴다는 호재가 있다고 해서 투자 목적으로 전세를 살지는 않는다. 전세는 지금 살기 좋은 곳에 수요가 몰린다.

사람들의 거주 선호도가 높아지면 전세 수요가 많아진다. 전세 수요가 많아지면 전세 가격이 올라가고 매매가와 전세가의 차이가 줄어든다. 매매가와 전세가가 줄어들면 전세를 사는 대신 매매하려는 사람들이 늘어난다. 이렇게 전세 수요가 매매 수요로 바뀐다. 전세가율이 높아진다는 것은 매매가가 상승할 가능성이 높다는 뜻이다. 전세가율이 어느 정도인가에 따라 저평가된 아파트를 찾을 수 있다.

보통 아파트 시장에서 매매가 대비 전세가율은 50~60% 정도다. 전세가율이 70~80%로 상승하면 투자를 생각해야 한다. 전세 수요가 많아지고 공급이 부족하면 전세 비율이 상승한다. 이때는 소액으로 투자할 곳이 증가한다. 매매가가 1억 원일 때 전세가가 8,000만 원이면 2,000만 원으로 투자가 가능하기 때문이다. 전세 수요가 많다는 것은 편의 시설과 기반 시설이 잘 갖춰져 있다는 뜻이다.

편의 시설과 기반 시설이 훌륭한 A 단지가 있다. 여기는 누구나 살고 싶어 한다. A 단지는 지하철역과도 가깝고 대단지에 상권도 우수하다. 수요가 많아 매매가 1억 원인데 전세가가 5,000만 원에서 8,000만 원까지 올랐다. 전세도 부족하고 금액도 너무 올라 부담스러운 사람들이 A 단지 옆 B 단지로 간다.

B 단지는 지하철역에서 버스를 타고 들어가야 한다. 상권과도 거리가 조금 있지만 사람들은 아쉬운 대로 B 단지를 선택한다. A 단지의 전세가가 5,000만 원일 때 B 단지는 3,000만 원이었다. 그럼 A 단지의 전세가가 8,000만 원까지 오르면 B 단지는 그대로 3,000만 원일까? B 단지도 오른다. A 단지에서 B 단지로 수요가 넘어오기 때문이다.

A 단지의 전세 수요와 비율이 높아지면 B 단지에 투자해야 한다. 전세 수요가 B 단지로 옮겨 와 전세 가격까지 상승하면서 B 단지의 전세 가율이 70~80%가 된다. 이때가 투자 타이밍이다. 한 지역에서도 A아파트의 전세 비율을 잘 살펴보고 주변 아파트에 투자할 수 있다.

대표적인 예가 판교다. 판교는 신분당선의 지하철, 신축, 일자리 등 여러 가지 호재로 매매 가격뿐 아니라 전세 가격도 많이 올랐다. 판교의 가격이 오르니 신분당선 라인인 용인시 수지구도 올랐다. 수지구가 오르니 기흥구도 올랐다. 천천히 차례대로 전세 가격이 오르더니 매매 가격까지 올랐다.

우리는 저렴한 가격에 좋은 아파트를 사는 것이 목표다. 당장은 저렴한 아파트가 보이지 않는다. 싸면 문제가 있다고 생각해서다. 시간이 지나면 이유가 있어서 싼 게 아니라 저평가됐다는 것을 알게 된다.

우리는 전세 수요자들이 눈여겨보기 전에 미리 그 아파트에 투자해야 한다. 같은 지역 아파트에서 기회를 놓쳤다면 다른 지역으로 옮겨 가면 된다. 단, 다른 지역으로 옮겨 갈 때는 그 지역의 호재와 발전 가능성이 있는지 꼭 확인하자. 가격이 싸다고 수요가 없는 아파트에 투자했다가 크게 낭패를 볼 수 있다.

check point

- 아파트 투자 공부

① 경제 신문 읽기: 2종을 읽고 경제 용어 공부를 하며 정부 정책과 기업의 동향을 살핀다.

② 재테크 분야 책 읽기: 투자 경험과 노하우가 담긴 책은 최신 출간 도서를, 자본주의와 돈의 흐름을 이해하고 싶다면 스테디셀러를 읽는다.

③ 온라인 커뮤니티: 카페와 블로그에서 전문가의 칼럼을 찾아 읽는다. 글에 달린 찬반 댓글도 확인해 대중의 심리를 파악하고 투자에 대한 통찰력을 기른다.

④ 전문가의 강의 듣기: 투자 선배의 노하우를 전수받는 것은 경험적 비용과 시행착오를 줄이는 팁이다.

⑤ 임장: 현장 학습이다. 내가 사는 동네부터 관심 있는 지역까지 아파트 시세를 알아본 후 부동산 중개인과 함께 현장을 둘러보면 훌륭하다.

- 고수 투자자의 특징

① 투자 준비에 돈을 아끼지 않는다.

② 어떤 상황에도 마음이 흔들리지 않는다.

③ 적절한 때를 기다리고 놓치지 않는다.

④ 아파트의 미래 가치를 볼 줄 안다.

⑤ 아파트를 샀다 팔았다 하지 않는다.

- 수요와 공급의 법칙을 이해하자. 수요가 많고 공급이 적으면 값이 오른다. 수요가 적고 공급이 많으면 값이 내려간다. 자가 점유율로 실거주 수요와 투자 소유를 알 수 있고 입주 물량으로 아파트의 미래 가치를 가늠할 수 있다.

- 입주 물량 확인 방법: 국토 교통부 아파트 실거래가와 시세를 지도에서 한눈에 볼 수 있는 애플리케이션 '호갱노노'를 활용해 보자.

 ① '호갱노노'에 접속한다.
 ② '분석' → '공급' → '아파트 입주 예정 물량'에서 기간별로 볼 수 있다.
 ③ 관심 있는 지역을 확대해서 들어가면 그 지역에 입주할 아파트의 세대 수와 입주 시기를 확인할 수 있다.

- 아파트도 분산 투자를 할 수 있다. 시간 간격을 두고, 각각 다른 지역에 거주 종목을 다양하게 매매하면 원금을 잃지 않을 수 있다.

- 랜드마크 아파트와 주변 아파트 시세 한 번에 확인하기
 '기흥효성해링턴플레이스' 34평대를 '높은 가격순'으로 검색해 보자.
 ① 'KB 부동산 리브온' 사이트에 접속한다.
 ② 관심 있는 아파트를 검색한다.
 ③ '시세/실거래가' → '면적별 시세'에서 원하는 면적 사이즈를 선택한다.

④ '시세 변동 추이', '최근 6개월 실거래가'를 확인한다.

⑤ '주변 단지 유사 면적대 시세 비교'에서 '높은 가격순'을 클릭해 확인한다.

- **재테크 카페 목록**

1. 맡김프로젝트

   https://cafe.naver.com/matkim

2. 월급쟁이 부자들

   http://cafe.naver.com/wecando7

3. 부동산 재테크 사이트, 북극성

   http://cafe.daum.net/PolarisAuction

4. 앤소니와 함께하는 부동산 경매

   http://cafe.daum.net/annauction

5. 행복 재테크

   http://cafe.daum.net/happy-tech

6. 즐거운 경매

   http://cafe.naver.com/playauction

7. 짠돌이 카페

   http://cafe.daum.net/mmnix

8. 세이노의 가르침

   http://cafe.daum.net/saynolove

9. 발품

   https://cafe.naver.com/fieldlearning

10. 직장인을 위한 뉴리치연구소

http://cafe.naver.com/newrich100

11. 왕비재테크

   http://cafe.daum.net/dgbudongsantech

12. 아름다운 내집갖기

   http://cafe.naver.com/rainup

13. 부동산 스터디

   http://cafe.naver.com/jaegebal

14. 경제적 자유와 자기경영, 다꿈스쿨

   http://cafe.naver.com/dreamgainschool

15. 아임해피의 똑똑한 부동산 투자

   https://cafe.naver.com/iamhappyschool

16. 돈과 부동산

   https://cafe.naver.com/ld81

· 재테크 블로그 목록

1. 청울림의 투자 behind

   http://blog.naver.com/iles1026

2. 너바나's일-사랑에서의 Win-Win

   http://blog.naver.com/apraxeous

3. 골목대장의 부동산 관견

   http://blog.naver.com/ssaurajin7

4. 빠숑의 세상 답사기

   http://blog.naver.com/ppassong

5. 북극성주의 투자의 맥

http://blog.naver.com/oes8655

6. 서울쉬's 상가 투자 네이게이션

　　http://seoulwhi.com

7. 옥탑방보보스의 투자이야기

　　http://blog.naver.com/zong6262

8. 복부인의 선한부자 프로젝트

　　http://blog.naver.com/ds3lkl

9. 월천 재테크 학군과 부동산

　　http://blog.naver.com/iampicky

10. 부의 디스커버리 렘군

　　https://blog.naver.com/biboi99

11. 핑크팬더의 천천히 꾸준히

　　http://blog.naver.com/ljb1202

12. 아기곰 블로그

　　http://blog.naver.com/a-cute-bear

13. 타이거준의 두 번째 스무살

　　http://blog.sizz.net

14. 레스토랑 두부 주인장(호빵)

　　http://club.dubu.blog.me

15. 토미의 리모델링 부동산

　　http://blog.naver.com/rockclub20

16. 경제전문 기자 성선화의 블로그

　　http://blog.naver.com/alloga

17. 돈과 부동산 행간읽기

https://blog.naver.com/lky6077

18. 부동산 투자의 정석 by 김사부

https://blog.naver.com/levelup4

19. 오윤섭의 부자노트

https://blog.naver.com/rpartners01

20. 해안선의 투자스토리

https://blog.naver.com/sungwoo9111

21. 새벽하늘의 경매 이야기

https://blog.naver.com/hazelnut0320

22. 숙주나물의 인생역전 부동산 투자 블로그

https://blog.naver.com/ihappy0304

23. 부동산 영토확장

https://blog.naver.com/sinms77

5장

돈 되는 아파트
내 집으로 만들기

가격이 흔들리지 않는 아파트의 비밀

아파트 시장의 사이클
4가지 투자법

아파트 시장에서 영원한 상승과 영원한 하락은 없다. 장기적으로 상승과 하락이 일정하게 반복된다. 보통 사람들은 상승장에서만 수익을 낼 수 있다고 생각하고 그때만 투자한다. 계속 시장을 지켜보기만 하다가 '더는 안 되겠다' 싶을 때 매수하는 것이다. 그런데 막상 매수하고 보니 그때가 고점인 경우가 있다.

투자 고수들은 시장의 변화에 따라 투자법을 바꿔서 수익을 낸다. 내가 산 아파트가 가격이 떨어질까 봐 걱정된다면 사이클을 알고 그에 맞는 투자법을 실천하라.

불황기

이때는 급매물이 나오기도 하지만 거래 자체가 뜸하다. 아파트에 부정적인 인식이 만연해 집을 사지 않기 때문이다. 가격이 하락하면 더 하락할 것 같고 가격이 올라가면 더 올라갈 것 같은 것이 사람 마음이다. 이런 불황기의 부동산 시장이 깊은 침체에 빠지면서 시세 차익을 얻기가 힘들어진다. 불황기에는 어떻게 수익을 낼 수 있을까?

불황기에는 좋은 지역에 훗날 시세 차익도 볼 수 있는 수익형 부동산에 투자하는 것이 현명하다. 불황기에는 급매물이 곧잘 등장한다. 대출을 받아 급매물을 사서 월세를 주는 것이다.

1억 원의 빌라가 불황기로 7,000만 원에 나왔다. 3,000만 원이 저렴한 만큼 내 돈이 적게 투자된다. 급매물을 사면 내 자본이 적게 들어가니 수익률을 더 높일 수 있다. 불황이 오래가면 낮은 가격으로 부동산을 살 수 있고 월세를 받아 생활비로 쓸 수도 있다.

'이런 불황에 월세를 받을 수 있을까?' 하는 걱정도 있다. 아파트 가격이 떨어졌다고 집 나와 길거리에 살 것인가? 우리는 무조건 매매, 전세, 월세 중 1가지는 택해야 한다. 사람들은 매매 가격이 더 떨어질까 봐 못 산다. 전세도 거래가 많이 없다. 전세가 오르지도 않고 내리지도 않으니 원래 살던 계약자가 계약을 연장해서 사는 것이다. 매매와 전세가 아니면 월세로 살아야 한다. 그래서 이때는 아파트의 매매가와 전세가가 오랫동안 정체된다.

불황기라고 아무 수익형 부동산에 투자할 수는 없다. 시세 차익을 볼 수 없고 전세가 오르기 힘든 상황이니 월세를 받는 수익형을 선택해야 한다. 그렇다면 불황기가 끝날 것을 대비해 이왕이면 매매, 전세, 월세 다 오를 수 있는 곳이 좋다. 가격이 정체된다는 건 물가 상승률만큼 오르지 못하고 있다는 뜻이다. 좋은 지역도 저평가될 가능성이 높다. 이런 지역은 계속 관심을 두는 것이 좋다.

회복기

불황이 길어지면 정부에서는 부동산을 활성화할 정책들을 꺼내 든다. 우리나라 경제에 부동산이 미치는 영향은 크다. 집을 사지 않으니 미분양 아파트가 쌓인 지역도 있다. 미분양이 쌓여 있는데 건설 회사가 아파트를 더 짓겠는가? 공급은 계속 줄어들고 집에 대한 수요는 늘어난다. 부동산 시장이 불황이라고 결혼을 안 하거나 이혼을 안 하지 않는다. 이들에게는 집이 필요하다.

그런데 집을 필요로 하는 수요자들은 이 상황에 집을 매수하지 않고 전세를 원한다. 전세가가 정체된 상태에서 기존의 전세 세입자도 움직이지 않으니 전세 물량이 없다. 또한 전세자들이 집을 매수하지도 않는다. 기존 전세자들도, 새로운 수요자들도 전세만 원하면서 전세 가격이 상승한다.

예를 들어 매매가가 3억 원인 아파트가 있다. 매수자가 없어서 매매

가는 3억 원을 유지하거나 더 떨어질 수 있다. 전세가는 1억 5,000만 원으로 전세가율은 50%이다. 그동안 변동이 없다가 전세 수요자가 많아지면서 전세가 2억 원에서 2억 3,000만 원, 2억 5,000만 원으로 계속 오르게 됐다.

매매가는 여전히 3억 원인데 전세가가 2억 5,000만 원이라고 해 보자. 내 돈 5,000만 원만 있으면 이 집을 살 수 있다. 전세를 끼고 매입하는 갭 투자가 유행한다. 적은 비용을 투자해 전세 가격이나 매매 가격이 오르면 수익을 보는 구조다.

정부는 사람들이 집을 사게 하기 위해 여러 가지 정책을 내놓는다. 분양권 혜택도 준다. 그러면서 기존의 미분양이 조금씩 감소하기 시작한다. 미분양이 해소되면 사람들이 새 아파트에 관심을 갖게 된다. 분양권에 프리미엄을 주고 매수, 매도 하기 시작한다. 분양권 투자는 계약금 10%만 있으면 되기 때문에 소액으로 투자가 가능하다.

회복기에는 이렇게 구축 아파트의 전세가율을 확인해 갭 투자를 한다. 그리고 미분양 물건이나 프리미엄이 붙은 분양권 투자를 할 수 있다. 단, 반드시 입지가 좋아질 곳을 선택해야 한다.

상승기

호황기에는 전세가와 매매가가 함께 올라간다. 회복기에 계속 오른 전세가가 매매가를 밀어 올리기 때문이다. 매매가가 3억 원인데 전세가

3억 원을 더 넘는 일은 거의 없다.

　매매가가 3억 원 아파트의 전세가 2억 9,000만 원까지 올랐다고 해 보자. 매수할 것인가, 전세로 살 것인가? 전세는 계속 오를 것 같고 전세가에 집을 매수할 기회가 온다면 세입자가 집을 매수하기 시작하면서 매매 수요가 늘어난다. 그리고 매매 가격이 오르기 시작한다.

　미분양이 사라지고 분양권에 프리미엄이 붙기 시작하면서 사람들이 아파트에 관심을 갖는다. 청약 경쟁률이 높아짐에 따라 청약에 당첨될 가능성이 낮아진다. 청약 당첨 확률이 적거나 없는 사람들은 재건축과 재개발에 몰린다. 재건축과 재개발은 분양 전에 입주권을 확보할 수 있다. 재건축 아파트는 재개발보다 진행이 빠르고 환금성이 좋다. 그래서 재건축이 먼저 오르고 재개발이 오른다. 새 아파트를 원한다면 이 시점에 프리미엄을 주고 분양권을 사거나 재건축, 재개발에 투자하기 좋다.

　상승기는 불황기와 호황기를 오랜 시간 거친 후 매매가가 오르기 시작한 때다. 부동산 시장이 살아나면서 강남, 목동같이 입지가 좋은 지역부터 가격이 상승한다. 강남이 오르기 전에 다른 지역이나 도시가 먼저 오르는 일은 잘 없다.

　이렇게 상승기에는 입지가 좋은 구축 아파트와 분양권, 재개발, 재건축이 전체적으로 오르는 시점이다. 입지에 따라 가격이 먼저 오르냐, 늦게 오르냐의 차이만 있을 뿐 종목이나 지역에 관계없이 오른다고 볼 수 있다.

입지가 좋은 지역의 아파트가 많이 오르면 주상 복합과 나 홀로 아파트가 관심을 받게 된다. 이미 대단지 아파트는 가격이 많이 올라서 나 홀로 아파트와 주상 복합은 저렴하게 느껴진다.

가격이 가장 많이 떨어진 대형 평형도 관심받는다. 사람들이 가장 많이 찾는 34평 아파트 가격이 오르면서 40평대, 50평대 가격이 비슷해져서다. 이때는 주상 복합, 나 홀로 아파트, 대형 평형에 투자해도 좋다. 단, 입지가 좋은 곳이어야 한다. 나중에 가격이 하락하기 시작하면 주상 복합, 나 홀로 아파트, 대형 평형부터 떨어지기 때문이다.

급등기

이제는 회복기나 상승기에 투자했다가 시세 차익을 보고 매도하는 투자자가 많아진다. 일반 사람들은 이때서야 투자를 생각한다. 회복기에는 회복기인지 몰라서, 상승기에는 말이 많아서 투자를 못 한다. 아파트 가격이 상승하면 '정부가 어떻니, 정책이 어떻니, 투기꾼이 가격을 올려놨다' 등등 삼삼오오 모여 말만 많다.

그런데 이렇게 부정적인 입장이었던 사람들도 급등기에는 조용해진다. '누구는 아파트로 얼마를 벌었다'는 이야기를 듣고는 부랴부랴 투자를 시작한다. 끝까지 전세로 버티던 실거주자들은 집을 사기 시작한다.

투자하려고 보니 너도나도 살고 싶은 지역은 값이 이미 많이 오른 상태다. 이런 지역이 A급이다. A급 지역이 비싸니 상대적으로 저렴한 지역을 찾게 된다. 무주택자나 시세 차익을 보지 못한 투자자들은 저평가 된 지역을 찾기 시작한다. B급 지역에 사람들의 수요가 몰리며 가격이 오르고 B급 지역에서도 기회를 놓친 사람들은 C급으로 수요가 몰린다.

급등기에는 저평가 지역을 찾아 투자해야 한다. 사람들은 가격이 저렴할 때는 쳐다도 안 보다가 가격이 오르면 눈을 돌린다. A급 지역의 가격이 많이 올랐다면 빨리 B급 지역을 찾아야 한다. B급 지역으로 사람들이 몰리기 전에 투자해야 한다. 가격 상승의 여지가 남은 곳에 실거주나 투자를 하면 된다. B급 지역을 놓치면 C급 지역에 투자해야 하는데 이 시기에는 불안할 수 있다. 가격이 하락할 때는 C급 지역부터 B급 지역, A급 지역 순서로 하락하기 때문이다.

A급 지역, B급 지역, C급 지역까지 올랐다면 전략을 세워야 한다. '더 오르겠지'라는 생각에 매도를 못하고 후회하는 사람을 많이 봤다.

투자한 지역의 물건들을 A급 지역, B급 지역, C급 지역으로 나누고 아파트인지, 빌라인지, 오피스텔인지 정리해 본다. 이 물건들을 어떻게 하느냐에 따라 수익을 더 볼 수도, 손해를 볼 수도 있다. 가격이 하락할 것을 대비해 결정해 두면 더욱 바람직하다. 가격이 하락하더라도 수요가 꾸준히 생길 지역이나 아파트라면 보유해도 괜찮다. 더 욕심부리지 않겠다면 적정한 수익으로 매도하고 다음 기회를 기다리는 것도 방법이다.

일반 사람들은 가격이 오르고 나서야 내 집 마련과 투자를 생각한다.

반면 투자 고수들은 흔들리지 않고 수익을 내는 아파트를 보유하기 때문에 어떤 시기에도 불안함이 없다.

	불황기	회복기	상승기	급등기
매매가	정체	정체, 하락	상승	상승
전세가	정체	상승	안정	정체
투자 방법	수익형 부동산	갭 투자, 분양권	재건축, 재개발, 나홀로 아파트, 주상 복합, 대형 평형	저평가 지역

표를 살펴보면서 지금은 어떤 시기인지 확인해 보길 바란다. 투자 수익을 더 많이 내는 방법은 욕심이 아니라 남들보다 발 빠르게 선택하는 것이다. 현장의 움직임을 잘 살펴보고 꼭 기회를 찾길 바란다. 어떤 때라도 방법은 있다.

새 아파트로만
이사 가는 사람들의 이유

　사람들은 신축 아파트와 구축 아파트를 놓고 항상 고민한다. '당연히 새 아파트가 좋은 거 아닌가?' 하고 생각할 수 있다. 그렇다면 서울 강남에 있는 구축 아파트는 왜 비쌀까? '강남이니까 비싸다'고 한다. 그럼 강남이라면 구축 아파트에 살 수 있다는 말이 된다. 사람 마음 다 똑같다. 좋은 지역에 있는 새 아파트에 살고 싶어 한다. 그런데 좋은 지역의 새 아파트는 비싸다. 우리는 둘 중 하나를 선택해야 한다.

　'입지냐, 새 아파트냐.'

새 아파트에 한 번 살아 본 사람들은 새 아파트로만 옮겨 다닌다. 구축 아파트를 가더라도 결국은 다시 새 아파트로 돌아간다. 신축 아파트의 편리함을 누려 본 사람들은 빠져나올 수가 없다. 아파트뿐만이 아니다. 우리는 삶의 질이 점점 더 높아지는 세상에 살고 있다. KTX를 한 번 타 본 사람은 무궁화호 가격이 KTX의 반값이라도 타지 않는다. 고급 일식집에서 스시를 먹어 본 사람은 저렴한 뷔페를 못 간다. 이제는 아파트도 상품의 가치를 따지는 시대가 왔다. 신축 아파트의 어떤 점이 삶의 질을 높여 주는 걸까?

아파트의 입구에서부터 대접받는 느낌이 든다

구축 아파트에는 문주가 없지만 신축 아파트에는 들어가는 입구에 문주가 자리한다. 문주는 그 아파트의 간판이다. 단지의 상징으로 자부심을 느끼게 한다. 입주민으로서 '내가 이 아파트에 산다'고 인정받는 느낌이 들게 한다. 그리고 차량 차단기가 있어서 입주민 차량과 방문객 차량이 따로 들어간다. 입주민으로서 대우받는 것이다.

문주를 지나 아파트를 들어가면 조경 공간이 펼쳐진다

구축 아파트는 아파트 1층이 주차장이다. 하지만 2005년 이후 지어진 대부분 아파트는 지상을 공원으로 만들고 있다. 따로 근린 공원에 가지 않아도 될 만큼 조경 공간이 잘돼 있다. 커다란 나무들과 걷고 싶은 산책로, 앉아서 쉴 수 있는 쉼터, 꽃들까지. 단지가 크면 조경도 넓게 만들어진다. 요즘은 아이들을 위해 연령별로 모양과 종류가 다양한 놀이터도 있고 분수대나 물놀이터까지 있다.

요즘 신축 아파트는 저층도 나무와 꽃이 있는 조경이라 인기가 많다. 1층의 조경은 아이들에게 최고의 놀이터가 된다. 요즘 아이들은 킥보드나 자전거, 인라인스케이트를 하나씩은 갖고 있다. 1층이 주차장이면 킥보드와 자전거를 탈 때 불편하고 위험하기도 하다. 그런데 요즘은 차가 1층으로 다니지 않으니 편하게 아이들이 놀 수 있다.

편의 시설과 커뮤니티 시설을 갖췄다

신축 아파트에 있는 헬스장, 골프 연습장, 작은 도서관, 회의실, 독서실, 어린이집 등 커뮤니티 시설은 기본적으로 사용할 수 있다. 게다가 사우나, 수영장, 키즈 실내 놀이터와 손님이 와서 지낼 게스트룸을 갖춘 아파트도 있다.

구축 아파트에 살면 아파트 밖의 상권에서 값을 지불하고 이런 시설들을 이용해야 한다. 신축 아파트의 커뮤니티 시설은 적은 비용을 내고 편하게 이용할 수 있는 것이 장점이다.

지하 주차장에 세대당 1대 이상 주차할 수 있다

구축 아파트는 주차장이 1층에만 있다. 그래서 세대당 주차 가능 대수가 1대도 안 되는 단지가 많다. 늦게 퇴근하면 주차할 공간이 없어 아파트를 몇 바퀴 돌고서야 겨우 주차할 수 있다. 2중, 3중 주차는 기본이고 아침마다 서로 차를 빼느라 정신이 없다. 좁은 공간에 주차를 많이 하다 보니 크고 작은 사고로 얼굴 붉힐 일이 많다.

요즘 새 아파트는 세대당 거의 1.3대를 주차할 수 있다. 요즘 한 세대에 2대의 차를 갖고 있는 세대가 많다. 참고로 아파트 세대당 주차 대수는 많으면 많을수록 좋으니 이 점은 꼭 확인해야 한다.

신축 아파트는 주차장이 1층에 없고 모두 지하에 주차를 한다. 지하 주차장은 겨울철과 여름철, 눈비가 올 때 빛을 발한다. 장을 보거나 아이들과 외출한 날 비가 온다고 해 보자. 1층에 차를 세우고 아이들에게 우산을 씌우느라, 소지품이 젖지 않게 하느라, 집까지 뛰어가느라 바쁘다. 지하 주차장이 있으면 비가 오나 눈이 오나 걱정이 없다. 그리고 지하 주차장에 CCTV가 있어 서로 조심해서 운전하게 되고 주차장이 넓어 문콕 할 일도 드물다.

구조가 다양하고 내부 시스템이 편리하다

구축 아파트는 평수에 따라 구조가 다 똑같다. 새 아파트는 여러 가지 구조로 공간을 다양하게 선택해 쓸 수 있다. 요새는 펜트리와 알파룸이라는 공간이 있어 수납이 편리하고 공간 활용도가 높아졌다. 주방도 주부가 편리하게 사용할 수 있게 디근자(ㄷ)로 발전했다. 안방에는 드레스룸, 각 방에는 붙박이장이 따로 있어 장롱이나 화장대, 수납장을 살 필요가 없다. 또한 신축 아파트에는 천장에 시스템 에어컨이 설치돼 있어 에어컨 공간을 절약할 수 있고 이사 때마다 에어컨을 설치하지 않아도 된다.

외출할 때는 가스와 전기를 한 번에 차단할 수 있다. 겨울에는 외출했다가 집에 들어오기 전에 휴대폰으로 난방을 틀어 미리 방을 따뜻하게할 수도 있다. 집에서는 모니터를 통해 아이들이 놀이터에서 노는 모습을 확인할 수 있다. 창호가 좋아 바깥 소음이 잘 들리지 않고 겨울에 우풍이 없다. 이 점들 말고도 새 아파트에서 누릴 수 있는 시스템이 많다.

신축 아파트의 5가지 특징을 살펴봤다. 이것만 봐도 새 아파트에 살고 싶지 않은가? 신축 아파트는 이것보다 누릴 수 있는 편리함과 장점이 더 많다. 사람은 편하고 좋은 것을 누리다 보면 불편하고 싫은 것을더 견디기가 힘들다. 추위를 안 타는 사람도 따뜻한 집에 살다가 추운집에 살게 되면 더 춥게 느껴지는 법이다. 여름에 선풍기만 쐬다가 에어컨 바람을 맛보면 에어컨 없이 못 산다. 새 아파트도 마찬가지다. 한번살아 보면 계속 누리고 싶은 것이다.

최근 신축 아파트는 이렇게 뛰어난 상품 가치로 가격이 많이 올랐다. 어떤 지역은 구축 아파트의 매매가가 신축 아파트의 전세가보다 저렴하기도 한다. 새 아파트와 구축 아파트의 격차는 점점 벌어지고 있다.

[그래프 6]은 2015년 3월부터 2019년 12월까지 연차별 아파트 매매가상승률을 나타낸다.

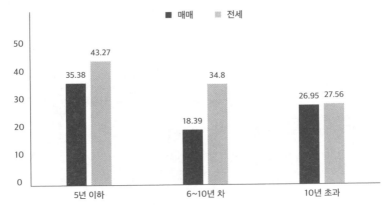

[그래프 6] 서울특별시 연차별 평당 매매가 상승률(2015~2019)

　5년 차 이하의 아파트의 상승률이 가장 높다. 매매뿐 아니라 신축 아
파트의 전세도 꾸준히 올랐다. 전세 수요자들이 새 아파트만 찾다 보니
새 아파트의 전세가도 계속 오르고 있다. 신축 아파트의 매매와 전세 수
요 증가로 값은 계속 상승할 것으로 보인다.

신축 아파트보다 좋은 조건, 입지

상품 가치가 높다고 신축 아파트만 투자할 것인가? 5년 이하의 아파트 매매가 상승률이 가장 높지만 그다음 상승률이 높은 아파트는 연차가 25년 이상 오래된 단지다. 25년 이상 된 아파트는 신축과 비교해 상품 가치나 질적으로 차이가 크다. 그런데 왜 이렇게 상승률이 높을까? 입지가 좋은 곳의 재건축 아파트기 때문이다. 이것이 바로 입지의 힘이다. 입지가 좋은 곳이라면 신축 아파트나 구축 아파트나 값이 계속 상승할 것이다.

입지가 좋은 새 아파트는 매매가가 계속 상승하겠지만 '새 아파트'라는 상품 가치만 있는 아파트는 5년 정도 반짝 상승하다가 멈출 가능성이 크다. 상품의 가치는 쉽게 바뀐다. 신축 아파트가 좋아서 몇 년을 살다 보면 새 아파트도 처음 같지 않다. 익숙해지면서 오래된 느낌이 든다. 몇 년이 지나면 더 좋은 새 아파트가 눈에 들어온다. 상품의 가치는 금방 익숙해지고 마음이 변하기 마련이다.

상품 가치만 남은 새 아파트는 시간이 지나면 구축 아파트가 된다. 입지가 좋지 않은 구축 아파트를 누가 매수하겠는가? 세입자도 마찬가지다. 새 아파트에 살고 싶어서 입지가 안 좋아도 선택하는 사람들이 있다. 2년이 지나고 입지 좋은 새 아파트가 나타나면 그 아파트로 이사 간다. 새 아파트에 살아 보니 만족도가 높아 전세 재계약이나 매매 수요가 늘어야 가격이 올라간다. 그러니 잠깐 머물기 좋은 새 아파트는 5년이 지나면 인기가 떨어질 수밖에 없다.

상품의 가치는 앞으로 점점 더 좋아지고 사람을 끌어모은다. 하지만 입지는 변하지 않는다. 경기도가 갑자기 서울이 될 수 없고 서울이 경기도가 될 수 없다. 입지를 더욱 발달시켜도 강남을 따라갈 수 없다.

우리 지역도 지하철역이 생기고 학군도 좋아질 수 있다. 하지만 그 지하철이 어디와 연결되는지에 따라 의미가 달라진다. 강남과 연결돼야 그 지역도 입지가 좋아지지 않는가? 그런데 강남보다 더 좋은 지역이 될 수 있을까? 그 지하철로 인해 강남은 더 좋아질 텐데 말이다.

결국 입지까지도 좋은 신축 아파트가 실거주로도, 투자로도 좋다. 단지 가격이 비싸기 때문에 고민하는 것이다. 그렇다면 선택해야 한다. 입지가 좋은 곳의 구축 아파트냐? 입지가 조금 떨어지는 곳의 신축 아파트냐? 새 아파트의 편리함을 포기하지 못한다면 후자를, 집에서의 만족도는 떨어지더라도 입지가 좋은 곳이 좋다면 전자를 선택하면 된다.

선택의 결과는 어떨까? 단기적으로 신축 아파트가 수익이 좋겠지만 장기적으로는 입지가 이긴다. 생각해 보면 구축 아파트도 신축 아파트였던 시절이 있었다. 세월이 지나면 모두 그저 그런 아파트가 된다는 뜻이다.

1기 신도시를 비교해 보자. 1기 신도시도 그때는 다 새 아파트였다. 그런데 지금 가격은 어떤가? 다른 1기 신도시에 비해 입지가 더 좋은 분당 신도시가 더 비싸다. 입지가 좋은 곳은 더 발전할 가능성이 높다. 건물 가격은 시간이 지나면 감가상각으로 떨어지지만 입지는 한정돼 있기 때문에 계속 오른다.

1위: 입지가 좋은 지역, 신축 아파트
2위: 입지가 좋은 지역, 재건축 아파트
3위: 입지가 좋은 지역, 구축 아파트
4위: 입지가 좋아질 지역, 신축 아파트

투자를 할 때 참고할 우선순위다. 1위부터 3위까지를 보면 변하지 않을 입지에는 어느 아파트라도 괜찮다. 4위인 입지가 좋아질 지역, 새 아파트가 좋지 않아서 4위가 아니다. 투자 메리트는 충분하다. 새 아파트도 인기는 높아지고 수요도 늘어난다. 거기에 입지까지 좋아지면 더 상승할 여지가 크다. 입지가 좋아질 리가 없는데 새 아파트라는 상품 가치만 갖고 투자하지 말라는 뜻으로 순위를 정했다.

지금은 상품의 가치와 입지의 가치를 함께 고려해야 하는 시대다. 같은 지역의 신축 아파트와 구축 아파트의 가격 격차는 계속 벌어질 것이다. 같은 지역의 새 아파트라면 프리미엄을 주고라도 매수해야 한다. 입지가 떨어지는 새 아파트와 입지가 좋은 구축 아파트 중 하나를 선택한다면 입지가 좋은 구축 아파트다. 이것이 재건축 아파트라면 더 좋다. 상품 경쟁력을 우선시하되 상품의 가치가 사라져도 꼭 입지는 더 좋아질 곳에 투자하자.

신도시
둘러보기

신도시는 100만 평(3,300,000㎡) 이상의 새로운 도시를 말한다. 100만 평이면 학교, 편의 시설, 주택 등 모두 건설할 수 있는 크기다. 신도시에 가면 어떤 느낌이 드는가? 정돈돼 있고 깨끗하고 유명 프랜차이즈 가게도 많이 입점돼 있다. 왜냐하면 처음부터 구조가 계획적으로 개발된 인공 도시이기 때문이다. 자족성을 가진 규모와 인구를 수용하는 도시인 것이다.

우리나라 신도시 계획은 1960년대 이후 대도시에 몰리는 인구를 분산하고 지역 개발과 배후 도시를 개발하기 위해 진행됐다. 그리고 일자리와 인접한 지역, 즉 서울의 주택이 부족해 수도권에 주택을 공급하기 위한 것이었다. 이렇게 1기 신도시가 탄생했다.

1기 신도시는 성남시 분당, 안양시 평촌, 고양시 일산, 부천시 중동, 군포시 산본이다. 2003년에는 정부가 2기 신도시를 발표했다. 2기 신도시는 성남시 판교, 화성시 동탄, 파주시 운정, 김포시 한강, 서울특별시 위례, 평택시 고덕국제, 수원시 광교, 양주시 옥정 등이다. 3기 신도시는 남양주시 왕숙, 하남시 교산, 인천광역시 계양, 고양시 창릉, 부천시 대장 5곳으로 지정됐다. 그런데 규모가 큰 신도시가 계획되고 만들어질 때마다 사람들은 불안해한다.

'아파트, 오피스텔, 상가, 주택 등 주거 시설에 사람들이 다 들어올까?'

이에 대한 답은 지금 신도시에 가서 확인해 보면 된다. 신도시 투자는 90% 성공한다. 신도시 투자에서 돈을 못 번 10%는 누구인가? 신도시 초기에 아파트 물량이 많아 저렴한 전월세 가격을 이기지 못해서 손해를 보고 판 사람들이다. 지금 1기, 2기 신도시 중에서 가격이 안 오른 곳이 있는가? 안 오른 곳은 기다리면 된다. 신도시는 투자 기간이 길어질 뿐 수익이 나게 돼 있다.

신도시 투자에서 성공한 90%는 다 같은 수익률을 냈을까? 그렇지 않다. 알다시피 신도시마다 오르는 가격이 천차만별이다. 어차피 신도시에 투자한다면 수익이 높은 곳에 투자해야 하지 않을까?

1기 신도시를 살펴보자. 1기 신도시 중 가격이 가장 많이 오른 곳은 분당이다. 강남과 접근성이 뛰어나고 탄천을 끼고 있으며 큰 공원도 많아 주변 환경이 우수하다. 학군도 뛰어나서 '천당 아래 분당'이라는 말이 나올 정도다.

2기 신도시도 살펴보자. 판교, 위례, 광교가 으뜸이다. 이 세 곳의 공통점은 강남과의 접근성이 뛰어난 직주 근접 도시라는 것이다. 판교는 판교테크로밸리에 입주한 기업의 수가 1,300개가 넘는다. 광교 신도시는 광교테크노밸리에 200여 개의 업체, 4,000여 명의 직원과 삼성디지털시티의 배후 수요만 약 8만 명이다. 위례도 서울시 송파구와 인접하며 강남과의 접근성이 뛰어나다. 문정동에 법조 단지가 자리 잡고 문정비즈밸리에 2,000여 개 기업이 입주해 있다.

	판교	위례	광교
분양가	1,300만 원	1,700만 원	1,400만 원
2020년 5월 평당가	4,000~5,000만 원	3,500~4,000만 원	3,500~4,000만 원

신도시 아파트 투자에
성공하는 8가지

강남권과의 거리와 학군을 살펴라

성공한 신도시의 공통점은 강남과의 접근성이 좋다는 것이다. 강남이 일자리와 유동 인구가 가장 많다. 강남에 사는 사람들이 신도시로 이사를 간다면 강남에서 가까운 곳을 선택할 확률이 높다.

강남 또는 강남과 가까울수록 학군도 좋다. 신도시에는 보통 신도시 근처 지역에 살던 사람들이 가장 많이 들어온다. 청약을 할 때도 현재 자신의 거주지와 가까운 곳에 분양을 많이 받는다. 위례는 성남시, 송파구, 강동구에서, 판교는 강남구, 분당구에서 많이 들어왔다. 강남이나 송파 등 학군 좋은 곳에 살던 사람들이 가는 신도시는 학군이 좋아질 수밖에 없다.

일자리가 들어오는 신도시가 좋다

신도시에 일자리가 들어오면 수요가 더 늘어난다. 실수요자부터 일자리 수요까지 들어오게 된다. 일자리도 어떤 직군이 들어오느냐에 따라 신도시의 집값이 달라진다. 소득 수준이 높은 대기업이나 대형 병원, 법조 단지라 더 좋다.

지역에 일자리가 들어오면 시간이 갈수록 자족 도시의 역할을 하게 된다. 먼 직장을 오가며 잠만 자려고 퇴근하는 사람들이 많은 신도시의 기반 시설과 편의 시설을 생각해 보자. 이런 신도시를 베드타운이라고 한다. 여기에 일하는 사람들을 위한 기반 시설이 더해지면 자족 도시로서의 위상이 생긴다.

최초 시범 단지를 노려라

큰 규모로 형성되는 신도시는 정부의 계획하에 개발된다. 시범 단지는 신도시 활성화에 중요하기 때문에 초기에 가장 좋은 위치에 세워서 저렴한 분양가에 내놓는다. 그래서 시범 단지는 웬만하면 실패하지 않는다.

신도시에 입성하고 싶은 사람들시범 단지는 가장 저렴한 가격에 가장 좋은 위치를 선택할 기회라고 보면 된다. 시범 단지가 잘되면 그 이후에 분양하는 아파트들은 시범 단지보다 비싸게 분양된다.

서울 지하철 노선이 연결되는지 확인하자

신도시는 왜 지하철이 중요할까? 신도시는 주택이 부족한 서울의 인구를 분산하고자 만들었다. 집은 신도시에, 직장은 서울에 있는 것이다. 서울로 출퇴근하면 자가용, 대중교통을 이용해야 하는데 교통 정체가 심해서 집에서 일찍 나서야 하고 버스를 타면 서서 갈 때도 많다.

신도시에 살고 싶어서 이사 갔다가 출퇴근이 힘들어서 다시 구도심으로 나오는 사람을 많이 봤다. 지금 지하철역이 없더라도 앞으로 들어올 가능성이 있는지 확인해 보자. 그래야 그 신도시에 수요가 늘어날 수 있다.

구도심과 가까운 신도시가 경쟁력이 있다

신도시 초기에는 입주 수요가 적다. 기반 시설이나 편의 시설도 부족하다. 버스도 많이 다니지 않아서 차가 필요한 경우도 많다. 그러나 구도심에는 이미 편의 시설이 형성돼 있다. 그래서 구도심과 가까운 신도시는 구도심의 편의 시설을 이용할 수 있다.

구도심과 가까운 신도시의 또 다른 이점은 신축 아파트가 있는 정비된 도시라는 것이다. 신도시에 사람들이 다 입주하면 구도심보다 더 살기 좋다고 소문이 난다. 신도시는 구도심보다 프랜차이즈 식당, 아이들 놀이 시설 등이 더 잘 돼 있다. 그래서 초기에는 신도시 사람들이 구도심으로 나가지만 나중에는 구도심 사람들이 신도시로 들어온다. 신도시도 입지가 중요하다.

호수, 강, 공원, 바다를 바라보는 아파트를 선택하자

1기 신도시와 2기 신도시는 지역마다 가격 차이가 있지만 같은 신도시 안에서도 아파트 가격이 달라진다. 1기 신도시의 경우 분당의 중앙공원이나 일산의 호수공원 주변의 아파트 가격이 더 비싸다. 같은 아파트라도 조망이 어떤가에 따라 값이 달라진다.

2기 신도시의 경우 광교 호수공원, 동탄 호수공원 등 호수나 강, 공원이 전망인 집은 같은 아파트라도 몇천만 원에서 몇억 원까지 차이가 난다. 하남 미사강변신도시도 한강이 보이는 아파트가 더 비싸다. 송도국제신도시도 바다가 보이는 아파트와 안 보이는 아파트의 가격 차이가 크다.

신도시 건설 주체를 확인하자

신도시 투자에서 성공할 확률이 90%라고 아무 데나 투자해서는 안 된다. 성공 확률이 커도 건설 시간이 너무 오래 걸리면 투자처로써 큰 의미가 없기 때문이다. 신도시는 어디에서 주관하느냐에 따라 진행 속도가 다르다. 보통 서울 지역은 SH공사, 이외 지역은 LH공사나 지자체에서 주관한다.

SH공사나 LH공사가 시행하는 신도시는 정부가 주체이므로 사업 진행이 빨리 될 수 있다. 하지만 지자체에서 진행하는 신도시는 사업 진행이 비교적 느릴 수 있다. 안전한 투자를 위해 신도시 건설 주체가 누구인지는 알고 투자하자.

가장 빨리 가장 싸게 사라

신도시 투자로 성공하는 방법 7가지를 확인했다면 이제 투자하면 된다. 사람들은 신도시 현장에 가 보면 허허벌판에 황무지 같은 땅을 보고 선뜻 투자하지 못한다. 그래서 거의 모든 신도시가 초기에는 미분양이 난다. 광교, 위례, 세종 등 처음에는 다 미분양을 경험했다.

기회는 이때다. 이제는 정부의 정책으로 분양권을 사고파는 일이 힘들 수 있다. 처음부터 기다리겠다는 마음을 먹고 나중에 수익으로 보상받으면 된다. 신도시가 입주하면 입주 물량이 많아 전세가가 낮게 형성된다. 곧 신도시가 살기 좋다고 소문 나면 전세가는 분양가만큼 금방 올라올 것이다. 빨리 사면 기다린 만큼 수익이 난다.

신도시는 주거 시설과 편의 시설, 기반 시설이 모두 형성되면 그때서야 살기가 좋다는 것이 눈에 보이기 시작한다. 신도시를 투자하기 위해 현장을 간다면 머릿속에 변화될 이 도시를 상상해 보자.

아파트 대체제
아파텔 투자법 7가지

아파텔(apartel)은 아파트(apartments)와 오피스텔(office hotel)을 합친 형태다. 말 그대로 아파트 같은 오피스텔이다. 아파텔은 주로 전용 면적 60~85㎡, 방 2~3개로 구성돼 있다. 아파트와 비슷하게 거실과 주방이 있고 방도 따로 있다.

오피스텔이라고 하면 사람들은 원룸을 생각하고 월세를 받는 역세권 임대 수익으로만 여겼다. 하지만 이제는 아파트와 구조가 같아서 차이점을 찾기 힘들 정도다. 아파텔은 저렴한 분양가에 시스템 에어컨, 테라스 등 여러 옵션을 함께 제공하는 것도 이점이다.

그렇다면 아파트와 아파텔은 무엇이 다를까? 그리고 어떤 아파텔을 선택해야 할까?

취득세가 다르다

정부는 2020년 7. 10 부동산 대책을 발표했다. 아파트는 매매할 때 주택 수에 따라 1.1~12%의 취득세를 낸다. 아파텔은 오피스텔이다 보니 무조건 4.6%의 취득세를 내야 한다. 지방세법 개정 전에는 아파트의 취득세가 1.1~4%로 오피스텔보다 저렴했다. 그래서 아파텔은 대중의 인식과 취득세 때문에 인기가 많지 않았다. 하지만 7. 10 부동산 대책으로 아파트의 취득세가 12%로 올라가면서 많은 사람이 아파텔에 관심을 갖기 시작했다.

아파트는 주거 지역에, 아파텔은 상업 지역에

아파트는 주거 지역에 위치해서 학교 등 기반 시설과 함께 있다. 반면 아파텔은 상업 지역에 위치해서 교통이 좋고 편의 시설이 뛰어나다. 하지만 아파트에 비해 주변에 학교, 주민을 위한 편의 시설, 공원 등이 없을 수도 있다.

원룸 같은 오피스텔은 1인 가구를 중심으로 지어졌지만 요즘 아파텔은 3, 4인가구도 살 수 있도록 만들어졌다. 아이와 함께 사는 가족 구성원이 아파텔을 많이 선택한다는 뜻이다. 그렇다면 학교와 녹지 공간 등 기반 시설이 함께 있는 아파텔을 선택해야 한다.

아파트는 공급 면적, 아파텔은 계약 면적

- 아파트 분양 면적(공급 면적)=전용 면적+주거 공용 면적
- 아파텔 분양 면적(계약 면적)=공급 면적(전용 면적+주거 공용 면적)+기타 공용 면적

'전용 면적'은 아파트 등 공동 주택에서 거실, 방, 주방, 화장실 등을 모두 포함한 넓이다. 현관문을 열고 들어가 우리 가족만 사용하는 공간을 말한다. 발코니 공간은 제외된다.

'공용 면적'은 '주거 공용 면적'과 '기타 공용 면적'으로 나뉜다. 주거 공용 면적은 아파트에서 같은 동에 거주하는 다른 세대와 공용으로 사용하는 공간이다. 엘리베이터, 복도, 계단 등을 말한다. '기타 공용 면적'은 아파트 단지 내 전체 세대가 사용하는 공간을 말한다. 주차장, 관리 사무소 등의 면적을 말한다.

아파트는 '주택법'에 따라 분양 면적(공급 면적)이 적용된다. 아파텔은 '건축법'에 따라 분양 면적(계약 면적)이 적용된다. 그래서 같은 면적의 아파트와 아파텔을 분양받아도 아파트가 훨씬 넓다.

아파트 84㎡를 약 34평으로 본다. 아파텔 84㎡는 공급 면적에 기타 공용 면적까지 포함한 크기이기 때문에 아파트 59㎡, 약 25평 크기로 보면 된다. 같은 지역의 84㎡ 아파트가 5억 원인데 84㎡ 아파텔이 3억 원인 것을 보고 가격이 저렴하다며 급하게 매수하면 안 된다. 이 아파텔은 같은 지역 아파트 59㎡, 25평인 아파트와 가격을 비교해야 한다.

관리비와 난방 방식을 확인하자

관리비는 전용 면적 대비가 아닌 분양 면적 대비로 부과된다. 아파텔은 아파트에 비해 전용률(공급 면적 대비 전용 면적)이 낮아 관리비가 많이 나온다. 아파텔도 세대수가 적은 곳보다 대단지의 관리비가 적게 나오니 꼭 세대수를 확인하자. 관리비를 따질 때도 같은 지역의 같은 면적의 아파트와 비교해야 한다. 또한 예전에 지어진 오피스텔 중에는 바닥 난방이 안 되는 곳도 있다. 아파텔을 구매할 때 난방 방식도 꼭 확인하자.

아파텔만으로 구성된 단지가 좋다

요즘 아파트와 아파텔이 함께 지어지는 곳이 있다. 하지만 같이 지어도 함께 사용하지 못하는 시설이 많다. 주차장도 따로 사용하고 입구도 다르다. 그리고 커뮤니티 시설을 함께 사용하지 못한다. 아파텔 커뮤니티 시설은 보통 헬스장 정도다. 그런데 아파텔만으로 구성된 단지는 주차장과 커뮤니티 시설을 함께 사용할 수 있다. 요즘은 아파텔도 커뮤니티 시설이 아파트만큼 잘돼 있다.

아파트와 아파텔이 함께 있는 단지는 아파텔 주민의 서러움도 있다. 그런데 아파텔만 있는 단지에 산다면 대단지 아파트 못지않게 단합을 보일 수 있다.

방 3개 화장실 2개, 대단지 아파텔이 좋다

오피스텔은 투자자들이 보통 임대 수익을 목적으로 투자한다. 아파텔은 임대 수익뿐만 아니라 시세 차익을 목표로 접근해야 한다. 내가 산 아파텔을 오른 가격에 사 줄 사람이 필요한 것이다. 그럼 투자 수요뿐 아니라 실거주 수요가 있어야 한다. 보통은 혼자 사는 사람보다 가족 단위가 집을 많이 산다. 그렇다면 적어도 방 3개, 화장실 2개가 필요하다. 앞서 이야기한 관리비와 커뮤니티 시설을 생각하면 대단지 아파텔을 선택해야 한다.

대단지 아파트처럼 단지가 형성된 아파텔이 좋다

아파텔에도 건물 한 동만 있는 곳이 있고 아파트처럼 여러 동으로 구성된 단지가 있다.

위례 지웰푸르지오

이곳은 누가 봐도 아파트로 보인다. 이 단지는 '위례지웰푸르지오' 오피스텔, 즉 아파텔이다. 실제로 굳이 아파텔이라고 이야기하지 않으면 아파트로 보인다. 요즘은 새로 분양하는 오피스텔을 1개 동만 지어 놓고 주거용 아파텔이라고 광고한다. 물론 아파텔도 오피스텔이 맞지만 1개 동만 있는 것보다는 아파트처럼 구성된 아파텔이 좋다. 건물만 한 채 지어지는 아파텔을 투자할 생각이라면 아파트와 함께 단지 안에 있는 아파텔이 낫다.

	아파트	아파텔
취득세	1.1~12%(7.10부동산 정책)	4.6%
용도 지역	주거 지역	상업 지역
건축법	공급 면적= 전용 면적+주거 공용 면적	계약 면적=공급 면적(전용 면적+주거 공용면적) +기타 공용 면적

　지금까지 아파트와 아파텔을 비교하며 어떤 아파텔을 선택하면 되는지 살펴봤다. 이 조건들에 맞는 아파텔에 투자하자. 다만 같은 평수 아파트보다 얼마나 저렴한지 확인해야 한다.

　같은 지역의 신축 59㎡ 아파트가 5억 원인데 84㎡ 아파텔이 3억 원이라면 최소 4억 원까지 오를 여지가 있다. 아파트의 가격 80~90%까지 올라갈 수 있다는 뜻이다. 실제로 투자 가치가 있는 아파텔이 저평가돼 이후 큰 폭으로 상승한 사례가 존재한다. 여러 사례를 참고해서 이와 비슷한 아파텔을 찾는다면 수익이 크게 돌아올 것이다.

　아파텔은 일반 사람들이 접근하기 어려운 투자일 수 있다. 그 이유는 많은 사람이 '절대 안 된다'고 말하는 투자이기 때문이다. 하지만 생각을 조금만 바꿔 보자. 남들이 가치를 알기 전에 내가 먼저 투자할 좋은 기회라는 것을 말이다. 그리고 이 투자 방법으로 성공적인 결과들이 나오고 있다.

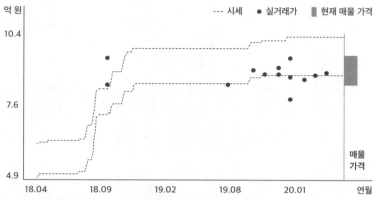

[그래프7] 아파텔 성공 사례: 위례 지웰푸르지오(2020년 기준, 국토교통부)

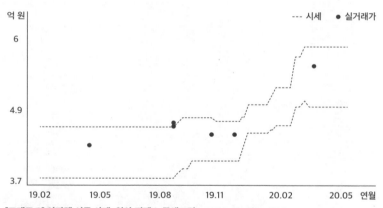

[그래프 8] 아파텔 성공 사례: 일산 킨텍스 꿈에그린(2020년 기준, 국토교통부)

나 홀로 아파트도 오른다,
투자 방법 4가지

'아파트만 오른다.'

'대단지여야 한다.'

'오피스텔, 빌라는 안 된다.'

　사람마다 정해진 틀 안에서 투자를 하려고 한다. 경험이 부족할수록 더 그렇다. 내가 배운 대로, 많은 사람이 결정하는 방향으로 가려고 한다. 그래서 투자하는 데 조건이 까다롭다. 그런데 정작 '무엇은 된다, 안 된다'고 말하는 사람들은 여러 투자 종목에서 돈을 벌어 보지 못한 사람들이다.

당연한 이야기다. 그들 주위에 없을 뿐이지 오피스텔, 빌라, 나 홀로 아파트 등 여러 투자 방법으로 돈 번 사람은 많다. 자신만 이 종목에 무서워서 투자를 못하거나 투자했다가 실패한 것이다. 문제는 이런 사람들의 말을 믿는 사람도 많다는 것이다. 부동산 투자에서 신축 대단지 아파트가 좋다는 것을 모르는 사람은 없다. 하지만 남들이 다 살고 싶고, 투자하고 싶은 물건은 이미 너무 비싸다. 그렇다면 투자를 시도조차 안 할 것인가? 우리는 다른 투자 방법을 생각해야 한다. 그중 하나는 나 홀로 아파트다.

나 홀로 아파트란, 주택가 또는 아파트 단지의 좁은 땅에 지어진 소규모 아파트를 말한다. 보통 1~2개동으로 100가구 미만의 아파트다. 역세권에 위치하고 편의 시설이나 기반 시설이 갖춰져 있다. 하지만 세대수가 적고 대단지 아파트의 프리미엄, 공동 커뮤니티 시설 등을 누릴 수 없다는 것 때문에 가격이 저렴하다. 같은 지역 대단지 아파트에 비해 가격이 20~30% 정도 저렴하다.

요즘 나 홀로 아파트는 대단지 아파트와 비슷하게 관리비를 내고 잘 구축돼 있다. 그런데 왜 사람들은 대단지 아파트만을 선호할까? 가장 큰 이유는 거래가 잘되기 때문이다. 대단지 아파트는 사람들의 눈에 잘 띄고 세대수가 많으니 거래량도 많다. 부동산 커뮤니티에서도 대단지 아파트에 대한 이야기가 많이 나온다. 그러나 나 홀로 아파트가 대단지 아파트에 비해 시세가 저렴할 뿐이지 안 오른다는 것은 아니다.

어떤 나 홀로 아파트를 골라야 할까?

나 홀로 아파트도 투자 가치가 있다면 아무거나 사도 될까? 아니다. 대단지 아파트를 사는 데도 공부와 분석이 필요하다. 나 홀로 아파트는 더 많이 생각하고 연구해서 신중하게 결정해야 한다.

나 홀로 아파트에 관심이 있다면 반드시 직접 현장을 답사해 확인해야 한다. 현장을 가기 전에는 그 지역의 수요와 공급을 확인해야 한다. 수요에 비해서 공급이 부족한 지역은 나 홀로 아파트도 실거주와 투자로 좋은 선택이 된다. 그렇다면 어떤 나 홀로 아파트를 선택해야 할까?

첫째, 대단지 아파트가 밀집한 나 홀로 아파트여야 한다.

아파트 단지가 많은 곳의 나 홀로 아파트는 대단지 아파트의 편의 시설을 함께 누릴 수 있다. 보통 대단지 아파트가 생기면 마트, 병원, 학교 등 편의 시설과 기반 시설이 들어온다. 그래서 나 홀로 아파트는 커뮤니티 시설이 없어도 주변 편의 시설로 만족할 수 있다. 그리고 대단지 아파트의 조경을 공유해서 사용할 수도 있다.

둘째, 역세권 소형이 안전하다.

신혼부부나 전문직 종사자들이 빌라나 오피스텔은 조금 아쉽고 대단지 아파트는 비싸니 나 홀로 아파트의 매매나 임대를 많이 찾는다. 나홀로 아파트를 찾는 사람들은 출퇴근 시간이 중요하고 집에 머무르는 시간도 많지 않기 때문에 지하철과 가깝고 직주 근접에 소형 평수를 원

한다. 보통 1~2인 가구, 많으면 3인 가구의 젊은층이 거주한다는 전제로 나 홀로 아파트를 선택해야 한다.

셋째, 학군이 좋은 지역을 선택하자.

학군이 좋은 지역의 대단지 아파트는 당연히 비싸다. 하지만 그런 지역으로 이사를 가고 싶은 사람은 많다. 아이를 키우는 부모라면 저렴한 가격에 학군이 좋은 지역에 살고 싶다. 이런 면에서 최근 나 홀로 아파트를 찾는 사람들이 늘고 있다. 같은 동네의 대단지 아파트와 나 홀로 아파트가 같은 초등학교, 중학교로 배정되기 때문이다. 저렴한 가격에 동일 학군을 이용할 수 있는 장점이 있다. 학군이 좋은 지역의 나 홀로 아파트는 매매 가격도 잘 오르고 매도도 잘된다.

넷째, 임대 수익이 잘 나오는지 확인하자.

나 홀로 아파트는 대단지 아파트에 비해서는 매도가 안 될 수 있다. 부동산 경기가 나빠져 나 홀로 아파트를 급매로 내놔도 팔리지 않는데 전월세마저 안 나간다면 발을 동동 구르게 된다. 특히 아파트 가격이 하락하는 시기라면 나 홀로 아파트는 가격이 더 빨리 떨어진다. 대신 대단지 아파트를 끼고 있고 역세권 소형, 학군이 좋은 나 홀로 아파트는 부동산 경기가 안 좋아도 전월세가 잘 나간다. 나 홀로 아파트는 임대 수익으로 보충할 수 있다.

나 홀로 아파트의 매수, 매도 타이밍

나 홀로 아파트가 대단지 아파트에 비해 단점이 많은 것은 사실이다. 하지만 나 홀로 아파트도 가격이 오른다. 그 타이밍을 잘 맞추면 큰 수익을 낼 수 있다.

예를 들어 같은 지역에 같은 평수 대단지 아파트는 4억 원이고 나 홀로 아파트는 2억 8,000만 원이다. 대단지 아파트가 4억 원에서 5억 원으로 올라도 나 홀로 아파트는 2억 8,000만 원 그대로인 경우가 많다. 그런데 갑자기 3억 5,000만 원이 되면 이때 나 홀로 아파트를 매수해야 한다. 나 홀로 아파트의 상승은 이제 시작되는 것이다.

같은 동네 랜드마크 아파트가 10억 원이라고 해 보자. 그 옆에 나 홀로 아파트가 4억 원이라면 어떨까? 적어도 6억 원까지는 오를 가능성이 높다. 만약 수요는 많고 공급이 적은 지역이라면 가격은 더 오를 것이다. 이렇게 랜드마크 아파트와 나 홀로 아파트는 간격을 유지하면서 함께 상승할 것이다.

단, 동네의 랜드마크 아파트의 가격이 계속 오를 지역이어야 한다. 랜드마크 아파트의 가격이 올라야 다른 대단지 아파트의 가격이 오른다. 그리고 대단지 아파트들의 가격이 다 올라야 나 홀로 아파트가 오른다는 것을 명심하자.

나 홀로 아파트는 투자 조건들과 매수 타이밍을 알아도 투자가 쉽지 않다. 또한 주변의 부정적인 이야기들로 결정이 어렵다. 이럴 때 방법은 1가지밖에 없다. 내가 결정하는 것이다.

앞서 소개한 4가지 조건에 맞고 랜드마크 아파트와 대단지 아파트의 가격을 확인했다면 용기를 내 보자. 게다가 그 지역이 수요는 많고 공급은 부족하다면 확신을 가져라. 나 홀로 아파트는 대단지 아파트 가격의 70~80%까지 오를 수 있다. 그보다 훨씬 낮은 가격에 나 홀로 아파트가 나온다면 매수하면 된다. 전세가율이 높은 아파트면 더 좋다.

나 홀로 아파트를 매수하려는 이유를 생각해 보자. 누구나 랜드마크 아파트를 사고 싶어 한다. 랜드마크 아파트를 못 사니까 그 주변의 대단지 아파트를 산다. 대단지 아파트를 못 사는 사람들은 나 홀로 아파트라도 사서 그 지역에 살고 싶은 것이다. 만약 그 지역이 아니어도 된다면 외곽의 대단지 아파트에 가면 된다.

하지만 그렇지 않은 이유를 잘 생각해 보라. 남들도 나도 같은 이유로 그 지역을 고집해서 나 홀로 아파트를 바라보는 것이다. 그래서 수요가 중요하다.

그렇다면 나 홀로 아파트는 언제 매도해야 할까? 나 홀로 아파트는 부동산 경기가 나빠지면 가격이 많이 떨어진다. 부동산 경기가 나빠지면 대단지 아파트도 거래가 힘든데 나 홀로 아파트를 누가 사겠는가?

나 홀로 아파트를 매도해야 한다면 부동산 경기가 좋을 때, 상승장일 때 파는 것이 좋다. 급등기에 다른 아파트들이 많이 올랐을 때 가성비 좋은 아파트를 찾는 사람이 많아진다. 그때가 매도 타이밍이다. 혹시 매도 타이밍을 놓친다면 임대 수익으로 수익을 얻을 수 있다. 그래서 네 번째 조건인 전월세가 잘 나가는 나 홀로 아파트를 선택해야 한다.

check point

- 아파트 시장의 시기에 따라 투자법도 달라진다

① 불황기: 저평가된 입지 좋은 지역의 수익형 아파트로 임대 수익을 얻는다.

② 회복기: 새 아파트의 분양권 투자와 구축 아파트의 갭 투자를 할 수 있다.

③ 상승기: 입지 좋은 곳의 주상 복합, 나 홀로 아파트, 대형 평형에 투자해도 좋다.

④ 급등기: 재빨리 저평가 지역을 판단해 아파트를 매수한다.

- 신축 아파트의 장점

① 아파트 입구에 문주가 있어 입주민이 대접받는 느낌이 든다.

② 아파트 내 조경 공간이 있다.

③ 아파트 내 편의 시설과 커뮤니티 시설이 있다.

④ 지하 주차장에 세대당 1.3대가 주차 가능하다.

⑤ 내부 구조와 시스템이 다양하고 편리하다.

- 상품의 가치는 쉽게 바뀌므로 입지를 가장 중요하게 생각해야 한다

아파트 투자 우선순위

1위: 입지가 좋은 지역, 새 아파트

2위: 입지가 좋은 지역, 재건축 아파트

3위: 입지가 좋은 지역, 구축 아파트

4위: 입지가 좋아질 지역, 신축 아파트

• 신도시 아파트 투자에 성공하는 8가지 원칙

① 강남권과 학군이 가까워야 한다.

② 일자리가 들어와야 한다.

③ 최초 시범 단지에 입주하면 더욱 좋다.

④ 서울 지하철 노선이 연결된 곳이어야 한다.

⑤ 구도심과 가까운 신도시가 경쟁력 있다.

⑥ 전망 좋은 동을 선택하라.

⑦ 건설 주체가 주요 주관사인 예정인 곳이 좋다.

⑧ 가장 빨리, 가장 싸게 사라.

• 아파텔 투자법

아파텔의 취득세는 4.6%다. 건축법을 따르는 아파텔은 주택법을 따르는 아파트와 분양 면적 계산법이 다르다. 면적이 같아도 평형이 달라지므로 시세도 똑같이 볼 수 없다. 아파텔도 단지형이 좋다.

아파트 분양 면적(공급 면적)=전용 면적+주거 공용 면적

아파텔 분양 면적(계약 면적)=공급 면적(전용 면적+주거 공용 면적)+기타 공용 면적

• 나 홀로 아파트 투자법

나 홀로 아파트란 좁은 땅에 지어진 소규모 아파트다. 대단지 아파트가 밀집

한 지역의 물건을 사면 주변 편의 시설을 함께 이용할 수 있다. 비교적 매도가 잘 안 될 수 있다. 역세권 소형 평수, 학군 좋은 지역, 임대 수익이 좋은 곳이 안정적이다.

Q&A

Q. 계속 이사하면 아이도 어린이집을 옮겨 다녀야 하는데 괜찮을까요?

A. 어린이집을 계속 옮기는 문제는 아이의 성향마다 답이 다르기 때문에 옳다 그르다 말씀드리기 어렵습니다. 저의 경우에는 아이가 18개월부터 어린이집을 가기 시작해서 7살 유치원을 졸업할 때까지 어린이집과 유치원을 8번 옮겼습니다. 초등학교를 입학하자마자 몇 개월 뒤 전학도 했습니다. 그런 저에게 주위 사람들은 '아이를 배려하지 않는다', '이기적이다', '아이에게 정서 불안이 올 것이다' 등 많은 말을 했습니다.

하지만 제 아이는 이사를 '여행'이라고 생각하고 새로운 곳에서 새로운 친구들을 만나는 것을 너무 좋아합니다. 헤어질 때도 아주 쿨합니다. 어차피 새로운 곳에서 친구들을 또 만나니까요. 저희 아이가 자주 하는 말이 있습니다.

"나는 친구가 100명이 넘어. 여기도 친구가 있고 저기도 친구가 있어."

맞는 말입니다. 단, 엄마의 역할이 아주 큽니다. 엄마의 사랑을 많이 받고 자라는 아이들은 어떤 환경에도 크게 개의치 않습니다. 이사를 가게 되어 어린이집을 옮길 때는 아이에게 미리 인지시켜 주세요.

'우리 이사 갈 거야.'
'새로운 친구들을 만날 거야.'
'○○이는 좋겠네, 또 새로운 친구들을 만나고.'

그리고 이사가 확실해졌다면 그 동네 어린이집을 미리 파악하여 대기 신청을 꼭 해야 합니다. 이사 후 어린이집을 알아보면 늦을 수 있습니다. 어린이집에 전화를 돌려 보는 것도 좋은 방법입니다.

6장

아내가 고른 아파트가
살기 좋다

안정과 수익을 동시에 잡는 법

골고루 인기 있는
교통 중심 소형 아파트

　최근 4~5년 사이 소형 평수가 인기가 많아지면서 가격이 많이 올랐다. 20평대 소형 아파트는 예나 지금이나 지역을 불문하고 가장 인기가 많다. 소형 평수가 인기가 많아지고 가격이 오른 데는 이유가 있다. 4인 이상 가구가 줄어들고 2~3인 가구가 꾸준히 증가했기 때문이다. 경기가 어려워지면서 사람들이 거주 비용을 줄이기 시작한 것도 한몫했다. 대형 평수에 살던 사람들이 중형과 소형으로, 중형에 살던 사람들이 소형으로 움직였다.

　이렇게 실거주를 목적으로 소형 아파트를 찾는 수요자가 늘었다. 게다가 임대를 내놔도 잘 나가서 투자 수요까지 소형에 몰렸다.

소형 아파트의 인기는 계속될 것이다

구축 아파트의 20평대는 방 3개, 화장실 1개 구조가 많고 최근 신축 아파트는 방 3개, 화장실 2개 구조 신축 아파트의 구조는 1인 가구에서 4인 가구까지 모두 이용할 수 있다. 또한 요즘 구조에는 펜트리와 드레스룸도 있어서 3~4인 가구도 편하게 살 수 있다.

소형 아파트에는 주로 어떤 사람들이 살까? 보유 재산이 많지 않은 사람들이다. 신혼부부나 아이가 한 명 있는 20~30대가 많이 살 것이다. 이들은 직장에서 가깝고 편의 시설이 잘 돼 있는 아파트를 좋아한다.

자녀들을 다 키우고 결혼시킨 부모 세대도 큰 평수에 살다가 작은 평수로 이동한다. 자녀들이 같이 살지 않기 때문에 방이 많이 필요하지 않다. 큰 평수는 관리비도 많이 나와서 퇴직하거나 자녀들을 결혼시킨 후에는 부담이 될 수 있다. 이들은 자녀들과 같이 살지 않으니 학군보다는 대중교통을 이용하기 쉽고 병원, 마트가 가까운 곳을 찾는다.

이렇듯 소형 아파트는 실거주자 수요부터 투자 수요까지 수요의 폭이 넓어서 가격이 오른다. 이는 임대 수요도 많다는 뜻이다.

소형 아파트 투자 전 고려할 점

같은 소형이라도 상황에 따라 가격이 오르는 폭이 달라진다. 그렇다면 어떤 입지 조건의 소형 아파트가 오를까?

첫째, 대중교통이 발달돼 있고 편의 시설이 잘 돼 있는 곳.

20~30대 회사원이나 신혼부부는 한참 바쁘게 일할 시기다. 이들은

직주 근접을 가장 중요시해서 역세권에 위치하는지 확인한다.

자녀를 분가시킨 부모 세대도 마찬가지다. 자녀와 함께 살지 않고 갑자기 아플까 봐 불안하다. 장을 보고 먼 길을 오가기가 힘들다. 그래서 병원, 슈퍼 등 걸어서 이용할 수 있는 편의 시설을 중요시한다. 부모 세대의 경우 자가용이 있어도 걸어서 갈 수 있는지 없는지를 중요하게 생각한다. 만 65세 이상은 지하철을 무료로 이용할 수 있다. 자동차가 없다면 지하철을 무료로 이용할 수 있는 역세권을 선택한다.

둘째, 소형 평수대로만 이뤄진 아파트보다는 중대형 평수가 함께 있는 곳.

중대형 아파트가 많다는 것은 소득 수준이 높다는 뜻이다. 그래서 중대형 평수가 많은 아파트는 학군과 주거 환경이 좋을 가능성이 높다. 또한 아파트 가격이 상승할 때 소형도 함께 상승한다. 반면 가격이 하락할 때는 소형의 수요가 높아 하락폭이 적다. 중대형 비율은 많고 소형의 비율이 적은 곳은 소형에 대한 희소가치가 높아 수요가 많기 때문이다.

아파트 세대수를 확인하고 20평대, 30평대, 40평대가 함께 있는 아파트를 선택해야 한다. 10평대와 20평대로만 구성된 아파트는 가격 상승에 한계가 있다. 단일 평수만 있는 아파트 단지를 생각해 보자. 단지 내에서 이사를 하는 사람들이 많을까? 거의 없다. 같은 20평대 아파트인데 특별한 이유가 아니면 이사를 할 필요가 없다. 단지 내부에서 사고팔 수요가 없는 것이다. 한번 이사를 오면 오래 살게 되고 외부 유입 수요가 없으면 가격이 오르지 않는다.

그렇다면 여러 평수가 같이 있는 아파트 단지는 어떨까? 20평대에 살던 신혼부부가 아이를 낳는다. 그 아파트에 계속 살고 싶은데 평수가 작다. 그럼 같은 아파트 30평대로 이사하면 된다. 30평대에 살던 사람들도 40평대를 갈 수 있고 40평대 살던 사람들이 20평대로 갈 수 있다.

평수가 다양한 아파트는 내부 수요가 많다. 그리고 넓은 평수와 함께 있는 아파트는 생활 수준도 높기 때문에 외부 수요가 많다. 그래서 가격이 오른다.

소형 아파트의 가격이 오른 것은 자체 수요가 많아지기도 했지만 투자 수요도 늘어났기 때문이다. 그래서 소형 아파트에 투자할 땐 실수요와 투자 수요를 확인해 투자 수요가 얼마나 들어왔는지, 두 수요가 적정한 비율로 유지되는지 확인해야 한다. 그래야 가격이 꾸준히 오른다. 또한 같은 단지의 중대형 아파트의 세대수를 확인하고 가격을 비교해야 한다. 가격이 중대형 아파트와 비슷하다면 투자 수요가 많아져 가격에 거품이 있는지 확인해야 한다.

교육과 입지 중심 중대형 아파트

1인 가구나 신혼부부 가구, 30대는 보통 20평대 소형 아파트에서 시작한다. 아이가 어리고 편의 시설이 좋다면 20평대도 살 만하다. 그러다 아이가 학교를 가면서 학군을 생각하게 된다.

아이가 한 명 더 생기고 짐이 늘어나면 큰 평수로 이사를 가고 싶어진다. 아이가 있는 40대는 20평보다 30평형 이상을 찾게 된다. 교통보다 학군이 좋은 아파트를 찾게 되는 것이다. 이렇게 소형 평수의 수요가 중형 평수로 옮겨 간다.

같은 아파트 단지의 25평이 가격이 올라서 34평과 비슷한 시세라면 어떤 평수를 선택하겠는가? 처음 집을 사는 신혼부부는 30평대 아파트 가 넓어서 부담스러울 수 있다. 결혼 초기에는 괜찮아도 살다 보면 20평 대도 좁게 느껴진다. 게다가 20평대 가격과 30평대 가격이 비슷하다면 당연히 30평대를 선택해야 한다.

보통 30평대 중형을 선택하는 수요는 자녀가 있는 40대 부부다. 집과 아이의 학교가 가깝고 교육 시설이 잘 갖춰진 곳을 선택해야 한다. 교육 뿐만 아니라 가족들이 편하게 생활할 수 있는 편의 시설도 함께 갖춰지 면 좋다.

요즘은 40~60평대 이상이 대형 평수다. 넓은 집에 사는 사람들은 비 싼 관리비를 낼 능력이 있다. 그리고 넓은 집에 가구를 채워 넣을 금전 적 여유가 있다. 대형에 산다고 꼭 식구가 많은 것도 아니다. 4인이 살 아도 돈이 없다면 20평대에 살아야 하고 2인이 살아도 돈이 있다면 넓 은 집에 살 수 있다. 그렇다면 대형에는 재력이 있는 사람들이 산다고 볼 수 있다.

2008년도 금융 위기 이후 하락한 대형 아파트 중에는 아직도 가격을 회복하지 못한 곳도 있다. 그 두려움이 지금까지 남아 '대형은 절대 안 된다'고 생각하는 사람들이 많다. 하지만 재력을 갖춘 사람은 좋은 동네 의 대형 아파트에 살고 싶어 한다. 여기서 말하는 좋은 동네란, 부자 동 네를 말한다. 그렇다면 대형은 어디에 투자해야 할까?

대형 아파트 투자 전 고려할 점

첫째, 대형을 찾는 수요가 많은 곳.

대형을 찾는 수요가 많은 지역은 강남구, 서초구, 용산구 등 우리가 알고 있는 잘사는 지역이다. 이런 지역은 대형이 좋은 투자 상품이 될 수 있다. 그렇다면 꼭 이런 지역에만 대형의 수요가 있을까? 그렇지 않다. 돈이 많다고 무조건 강남에 살지 않는다. 하위 지역에도 대형의 수요가 있다. 단, 하위 지역은 가장 입지가 좋은 아파트나 그 지역의 랜드마크 대형 아파트에 투자하면 된다.

둘째, 소형 아파트와 가격 차이가 작은 곳.

투자하고 싶은 대형 평수를 찾아 같은 아파트나 같은 지역의 소형 아파트와 평당 가격을 비교해 보자.

25평이 2억 5,000만 원이라면 평당 1,000만 원이다. 그렇다면 34평은 3억 4,000만 원, 42평은 4억 2,000만 원이 돼야 한다. 그런데 25평은 2억 5,000만 원인데 34평은 2억 7,000만 원, 42평은 2억 9,000만 원인 아파트가 있다. 당신이라면 어떤 아파트를 사겠는가? 25평을 살 계획이었던 사람들은 34평을 살 것이고 34평을 사려던 사람은 42평을 살 가능성이 크다.

가격 차이가 많이 나지 않는다면 더 큰 평수에 살고 싶을 것이다. 이런 아파트를 찾았다면 이 지역에 대형 평수를 찾는 수요가 있는지 검토해 보자. 그리고 이 지역에 앞으로 대형을 찾을 수요가 들어올지도 생각해 보자. 대형 평수의 수요가 적어 가격이 낮을 수도 있다. 그리고 소형에만 투자 수요가 몰려 소형의 가격만 올랐을 가능성도 크다. 대형을 원하는 수요를 확인했다면 소형 평당가와 대형 평당가를 비교하자. 대형의 가격이 많이 낮다면, 투자할 타이밍이다. 아파트의 대형 세대수를 확인하고 희소가치가 있다면 투자해도 된다.

서울특별시 송파구 가락동에 위치한 '헬리오시티'는 총 9,510세대다. 18~25평은 2,854세대, 33평은 5,132세대, 38~60평은 1,524세대다. 소형, 중형, 대형으로 나누면 소형, 중형에 비해 대형의 비율이 훨씬 낮다. 서울시 송파구는 우리가 아는 강남 3구에 속하는 부자 동네다.

이런 입지에 세대수가 적은 대형 아파트는 희소가치가 있다. 보통 대단지 아파트에 20평대, 30평대, 40평대를 평 단가로 비교해 보면 20평대가 가장 비싸다. 하지만 '헬리오시티'의 경우 모든 평형의 평 단가가 비슷하고 가격도 같이 오른다. 그만큼 대형의 수요가 있다는 것이다.

	세대수	비율
18평~25평	2,854세대	30%
33평	5,132세대	54%
38평~60평	1,524세대	16%
합계	9,510세대	100%

(kb부동산 리브온 2020년 5월 29일 시세 기준)

	가격	평단가
25평	15억 원	5,700~6,682만 원
33평	17억 원	4,991~5,511만 원
42평	23억 원	5,421~5,539만 원

(네이버 부동산)

다 같은
역세권이 아니다

부동산의 가격을 좌지우지하는 요소 중 하나는 교통이다. 교통은 결국 나의 일과 연결돼 있기 때문이다. 일은 인생을 살아가면서 먹고사는 문제와 떼어 놓을 수 없을 뿐 아니라 자신의 능력을 개발하고 인정받는 수단이다. 그래서 일할 곳에 가기 위한 교통수단은 중요하다.

직장과 연결된 역세권이어야 한다

교통은 집과 직장의 지역이 멀더라도 얼마나 빨리, 편리하게 목적지까지 도착할 수 있는지가 핵심이다. 우리나라에서 가장 편리하고 빠른 교통은 지하철이다. 그래서 근처에 지하철역이 있는지 없는지에 따라 아파트의 가격도 차이가 많이 난다.

통계 자료를 보면 직장인들이 지하철을 출퇴근 교통수단으로 가장 많이 이용함을 알 수 있다. 지하철은 다른 교통수단보다 운행 시간이 정확하고 교통비도 저렴하다. 많은 사람이 버스와 지하철을 환승하며 이용하고 있다.

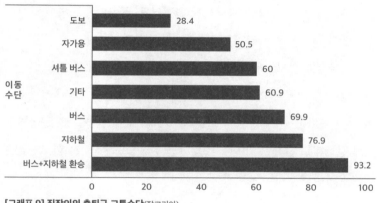

[그래프 9] 직장인의 출퇴근 교통수단(잡코리아)

일자리가 많은 지역은 어디일까? 강남·서초구, 중구, 영등포구(여의도), 송파구, 마포구, 강서구순이다. 강남·서초구, 중구, 영등포구(여의도) 지역을 3대 업무 중심지라고 하는데 특히 강남 3구(강남, 서초, 송파)가 압도적으로 일자리가 많다.

최근 강서구와 마포구의 일자리 증가 비율이 높아졌다. 강서구, 성동구, 마포구, 송파구순으로 일자리가 늘어나면서 아파트 가격도 상승했다. 또한 이 지역들과 연결된 역세권 아파트 또한 가격이 올랐다. 일자리가 많은 지역의 아파트 가격도 비싸지만 일자리 지역과 지하철이 연결된 지역도 가격이 오른다.

물리적 거리보다 시간적 거리가 중요

9호선과 신분당선은 황금 노선으로 꼽힌다. 9호선은 강서구에서 출발해 여의도를 지나 강남, 송파까지 연결된다. 급행열차를 타면 강서구 김포공항역에서 강남까지 약 30분밖에 안 걸린다.

신분당선도 수지구 성복역에서 출발하면 강남역까지 약 30분 안으로 도착한다. 강서구와 수지구는 강남과의 접근성이 좋아지면서 아파트값이 많이 올랐다. 이제는 지하철도 속도가 중요한 시대가 됐다. 정거장 수가 같더라도 시간이 얼마나 차이 나느냐가 중요해진 것이다. 다 같은 역세권 아파트가 아닌 것이다.

일자리와 접근성이 좋다는 것은 물리적 거리가 아닌 시간적 거리를 말한다. 강남에서 3km 떨어진 곳이라도 강남까지 1시간이 걸린다면 의미가 없다. 10km가 떨어져 있더라도 30분 만에 도착한다면 그 지역이 더 좋은 지역이 된다.

우리는 아파트 앞에 지하철이 생긴다면 무조건 좋아한다. 하지만 그 지하철역에 열차가 15분에 한 대씩 오고 업무 중심지까지 1시간이 넘게 걸린다면 큰 의미가 있을까? 물론 지하철은 없는 것보다야 있는 것이

훨씬 좋지만, 가격도 편리한 만큼만 오르는 것이다. 업무 지구까지 시간
이 오래 걸리는 역세권 아파트는 큰 가격 상승은 어려울 수 있다.

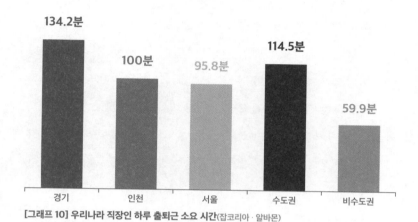

[그래프 10] 우리나라 직장인 하루 출퇴근 소요 시간(잡코리아 · 알바몬)

　잡코리아와 알바몬에서 조사한 통계에 따르면 직장인들의 하루 출퇴
근 시간이 평균 103분이다. 출근 시간 50분, 퇴근 시간 50분 정도다. 출
퇴근을 지하철로 이동한다고 가정하자. 걷는 시간을 빼고 약 40분을 지
하철로 이동해야 한다. 지하철 한 정거장에 2분 정도 소요된다면 20정
거장일 때 약 40분정도 걸린다.

　중심 업무 지구까지 40분 정도 소요되는 지역, 이보다 더 가까운 지역
이라면 아파트의 가치가 높아질 수 있다. 거리가 멀거나 정거장 개수가
많다고 무조건 먼 것도 아니다. 중요한 것은 몇 분 안에 도착할 수 있느
냐다.

미래의 역세권이 될 아파트에 주목하라

중심 업무 지구와 가까운 역세권 아파트는 이미 비싸다. 여러 개의 역이 지나가는 트리플 역세권의 아파트는 더 비싸다. 그렇다면 우리는 지금은 아니지만 앞으로 역세권이 될 지역의 아파트에 투자해야 한다. 앞으로 지하철이 들어오고, 주변에 상권이 들어설 대규모 단지를 찾는다면 투자 수익은 높아질 것이다.

아파트 분양 광고에서 가장 중요하게 이야기하는 요소가 지하철이다. 그런데 광고만 믿고 언제 생길지 모르는 지하철에 의존해서 덜컥 계약해서는 안 된다. 진짜 지하철이나 철도가 생기는지 검토해야 한다.

먼저 내가 투자할 지역이 '국가 철도망 구축 계획'에 포함돼 있는지 확인한다. '국가 철도망 구축 계획'은 10년마다 우리나라 철도 건설 계획을 담은 계획안으로 5년마다 발표한다. 이 계획안에 포함된 노선 중 아직 착공하지 못한 노선도 있다. 하지만 어떤 철도든 이 계획안에 포함돼야만 늦어져도 사업을 진행할 수 있다. 그러므로 역세권이 될 지역에 투자할 예정이라면 '국가 철도망 구축 계획'을 반드시 검토해 봐야 한다.

국토 교통부가 '국가 철도망 구축 계획'에 선정한 지역은 이후 타당성 조사를 시행한다. 그리고 기본 계획을 구상해 노선을 지정한다. 노선이 지정되면 사업자를 발주 및 선정하게 된다. 이 과정을 거쳐야 철도 공사에 착공하여 준공한다.

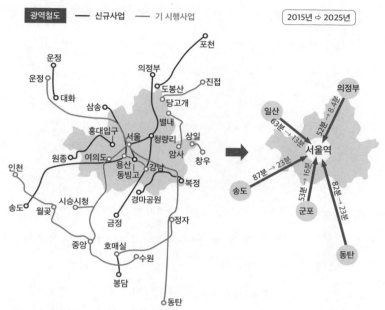

제3차 국가 철도망 구축 계획안(2016~2020)

사업 계획 수립 → 예비 타당성 조사 → 기본 계획 수립 → '국가 철도
망 구축 계획' 반영 → 타당성 재조사 → 실시 계획 수립 → 착공 → 준공

이 모든 과정 중 '계획 발표', '착공', '준공' 단계에서 부동산 가격이 가
장 많이 오른다. 이 단계보다 더 일찍 투자하면 너무 오래 기다려야 한
다. 계획을 발표하고 착공하기까지도 상당한 시간이 걸린다. 그 사이
급매물을 찾아 투자하면 된다. 착공하면 철도가 생긴다는 것이 확실해
지고 가격이 많이 오른다.

같은 지하철과 철도라도 사업 진행이 늦어지거나 빨라지는 경우가 있다. 아파트 투자를 하는데 지하철 개통되기까지의 사업 속도는 매우 중요하다. 수익률과 연결돼 있기 때문이다.

철도에는 여러 종류가 있다. 고속 철도, 도시 철도, 일반 철도, 민자 철도, 광역 철도가 있다.

고속 철도는 시속 200km 이상으로 달리는 철도를 말한다. 대표적으로 KTX가 있다. 국가와 한국철도시설공단이 50 대 50으로 예산을 배분한다. 수서 KTX의 경우 국가와 한국철도시설공단이 40 대 60으로 예산이 배분됐다.

광역 철도는 2개 이상의 시나 도에서 운영되는 철도다. 국가와 지자체가 70 대 50으로 예산이 배분된다. 서울시의 경우만 50 대 50으로 배분된다. 신안산선과 GTX A, B, C 노선이 있다.

민자 철도는 민간 자본이 투입된 철도다. 국가와 민간 투자가 합의해 예산이 배분된다.

일반 철도는 고속 철도와 도시 철도를 제외한 철도다. 국가 기간 사업에 꼭 필요한 노선이다. 100% 국가 예산이므로 진행 속도가 빠르다. 대곡~소사선, 소사~원시선, 월곶~판교선, 인천발 KTX, 수원발 KTX 등이 있다.

도시 철도는 상주 인구 10만 명 이상의 조건에서 건설돼 운영된다. 서울지하철, 부산지하철, 인천지하철, 대구지하철 등이 해당된다. 예산 배

분은 정부와 지자체가 60 대 40로 진행되는데 서울시만 정부와 지자체
가 40 대 60이다.

철도 중에서도 정부의 예산이 많은 부분을 차지하는 철도가 사업 진
행이 빠르다. 그리고 국가 예산 배분이 많은 철도는 핵심 지역을 연결하
는 철도일 가능성이 높다.

정부가 어느 지역에 철도를 연결하고자 하는지 안다면 안전하고 빠
른 수익을 낼 수 있을 것이다. 지자체가 추진하는 철도는 예산 문제로
사업 진행이 지연될 가능성이 높다. 철도도 다 같은 철도가 아닌 것이
다. 미래의 역세권에 투자를 계획한다면 그 철도가 어떤 철도인지, 국가
의 예산 배분이 얼마나 되는지를 확인해야 한다.

구축 아파트의 로열동과 로열층

부동산 현장을 가 보면 같은 아파트 단지 안에서도 집집마다 가격이 다르다는 것을 알 수 있다. 가격 편차는 세대수가 많을수록 심하다. 집값은 시기에 따라 달라지기도 하지만 동호수에 따라서도 달라진다. 가격만 맞으면 부동산 경기가 좋을 때는 집이 잘 팔린다. 하지만 부동산 경기가 좋지 않을 때는 매물이 많이 나오는데다 가격이 비싸지 않다. 이때는 로열동, 로열층이 아니면 매도가 잘 안 된다. 우리가 로열동, 로열층을 선택해야 하는 이유다.

예전에는 로열동, 로열층이라고 하면 '남향에 고층'을 정답처럼 생각했다. 반대로 탑층과 1층은 절대 안 된다고 생각했다. 북향이나 서향보다는 동향, 남향을 좋아했다. 하지만 시대가 변하고 아파트도 발전하면서 로열동과 로열층은 지역마다, 아파트 단지마다 달라지고 있다. 구축 아파트와 신축 아파트의 로열동과 로열층이 달라지고 그에 따라 가격차이도 점점 더 커지고 있다.

구축 아파트를 선택할 때 살펴야 할 점

구축 아파트는 지하 주차장이 있는 단지와 없는 단지가 있다. 지하 주차장이 있다면 단지 안에서도 지하 주차장과 연결된 동과 연결이 안 된 동이 있다. 여름, 겨울뿐만 아니라 눈비를 맞지 않고 집에 갈 수 있다는 것은 생활의 큰 편리함이다. 누구나 지하 주차장과 연결된 동을 좋아하기 마련이다. 이런 단지는 꼭 지하 주차장과 엘리베이터가 연결돼 있는지 확인하자.

구축 아파트는 라인이 중요하다. 보통 1~4라인까지 있다면 1라인과 4라인은 끝에 있는 외벽이라 겨울에 춥다. 결로가 심해 베란다뿐만 아니라 방에도 곰팡이가 생길 수 있다. 안쪽 라인은 옆 라인에서 우풍을 막아 줘 겨울에 따뜻하고 난방비가 적게 든다.

구축 아파트에는 인테리어를 해서 확장한 집과 확장하지 않은 집이 있다. 구축 아파트는 확장하지 않은 집이 좋다. 확장했다면 기존 베란다 부분에 단열을 했는지, 창도 바꿨는지 꼭 확인해야 한다. 보수를 하지 않으면 겨울에 바닥에서 냉기가 올라오고 창문에서 바람이 많이 들어온다. 아무리 보일러를 틀어도 겨울에 춥다는 것을 생각해야 한다.

보통 구축 아파트는 남향 아니면 동향으로 지어진 단지가 많다. 남향과 동향이 일렬로 지어져 조망권이 나오기는 힘들다. 내 집의 조망이 앞 동이라면 고층일수록 좋다. 앞 동으로 인해 해가 많이 가리기 때문이다. 모든 단지의 조망이 앞 동인데 그중에 앞이 트인 동은 그 단지에서 로열동이다.

건물이 꺾이는 구조인 단지에도 해가 잘 안 들어온다. 특히 서로 꺾이는 구조에서 서로 끝 라인은 집에서 생활하는 모습이 다 보여 사생활 침해 가능성이 높다.

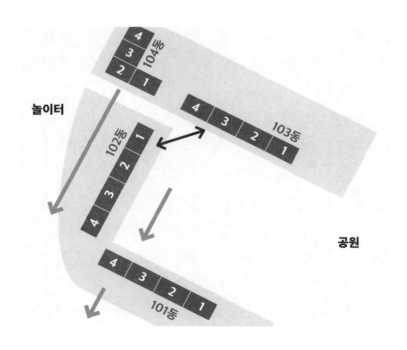

나는 남편에게 아파트를 선물했다

아파트 단지 그림을 보고 로열동과 로열층을 찾아보자. 101동, 103동, 104동 1, 2라인은 남향이고 102동 104동 3, 4라인은 동향이다. 103동은 다 같은 남향이지만 4호 라인은 102동 1호 라인과 가깝다. 그래서 다른 라인에 비해 해가 많이 들어오지 않고 1호 라인과 서로 사생활 침해가 생길 수 있다.

이 단지에서 로열동, 로열층은 104동 2라인과 101동 2라인, 3라인이다. 정남향에 앞이 트여 있고 중간 라인이라 가장 인기가 많다. 하지만 현장에서 이 동의 앞 건물이 몇 층인지 꼭 확인해야 한다. 만약 103동을 선택한다면 고층이나 1라인이 좋다. 1라인이 끝 라인이지만 공원 조망이 있다. 102동을 선택한다면 공원 조망이지만 101동과 103동 때문에 해가 잘 안 들어온다. 그러므로 최대한 고층일수록 좋다.

신축 아파트의
로열동과 로열층

구축 아파트의 저층은 1층에 차가 다니기 때문에 매연으로 인해 문을 못 열거나 시끄러울 수 있다. 요즘 새 아파트는 1층에 차가 다니지 않는다. 대신 단지 안 조경을 공원처럼 조성해 놓는다. 그래서 저층이 고층보다 인기가 많아지고 있다. 특히 조경이 잘 돼 있는 아파트의 저층은 나무와 꽃으로 둘러 쌓여 있다. 고층은 해가 잘 들어온다는 장점이 있지만 조망이 바로 앞 동이라면 답답한 느낌이 들 수 있다. 새 아파트는 조경 조망인 저층도 좋다.

신축 아파트에 투자하거나 거주할 때는 꼭 지하 주차장을 확인해야 한다. 무조건 지하 주차장이 있다고 간과해서는 안 될 점이 있다. 바로 엘리베이터다. 요즘 신축 아파트는 지하 1층부터 지하 4층까지 주차장인 경우도 있다. 그런데 모든 아파트 동의 엘리베이터가 지하 1층부터 지하 4층까지 연결돼 있지 않다. 어떤 동은 지하 1층만, 어떤 동은 지하 4층만 연결돼 있다는 뜻이다.

그래서 아파트를 선택할 때는 주차장 출입구 층과 연결된 동을 선택해야 한다. 사람들이 1층보다 지하 주차장을 통해 집에 들어가는 경우도 많다. 지하 주차장으로 바로 들어가는 입구가 지하 1층이라면 지하 1층과 바로 연결된 동은 편리하게 생활할 수 있다. 하지만 지하 3층, 지하 4층만 연결된 동은 무조건 외부 1층으로만 다녀야 한다. 그럼 눈비가 올 때 지하 주차장으로 이동하지 못하는 불편함이 생긴다.

최근 신축 아파트에서 주의할 점

신축 아파트의 현장을 간다면 계약하려는 동호수를 여러 방법으로 가 봐야 한다. 그래야 로열동, 로열층을 찾을 수 있다. 왜냐하면 같은 단지라도 어떤 동은 정문과 연결된 1층이지만 어떤 동은 정문에서 엘리베이터나 계단을 통해 한 층을 내려가거나 올라가야 하는 동이 있다. 언덕을 높이 올라가야 한다. 외부 엘리베이터를 2번 타야 도착하는 동도 있다. 정문에서 집까지 거리가 멀다는 뜻이다.

보통 아파트의 정문에 상가와 버스 정류장 등 편의 시설이 집중돼 있다. 그런데 정문에서 먼 동일수록 그만큼 불편할 수밖에 없다. 편의 시설을 이용하기 위해서 집에서 엘리베이터를 타고 1층으로 내려와 외부 엘리베이터를 2번이나 타고 걸어서 정문까지 와야 하는 것이다. 아이가 있는 가정이라면 학교를 갈 때도 이 과정을 매일 겪어야 한다.

나중에 매도할 때나 임대를 줄 때 사람들이 어떤 동을 선호할지 현장에서 잘 살펴보고 선택해야 한다. 앞서 말한 것처럼 상권을 이용할 때 편리한 동을 선택해야 한다. 대단지일수록 앞 동과 끝 동의 거리가 멀다. 대단지에서 로열동은 상권이 몰려 있고 버스 정류장, 지하철역이 가까운 곳이다. 여기에 학교까지 가까우면 더욱 좋다.

단, 상가가 가까운 곳은 소음으로 시끄러울 수 있고 상가에 고깃집이나 치킨집 등 냄새가 심한 가게가 입점하면 집까지 냄새가 올라올 수 있다. 그러니 상가의 바로 앞 동보다는 그 뒤의 동이 좋다. 만약 상가 가까운 동을 선택해야 한다면 저층보다는 고층을 선택해야 한다.

새 아파트는 향도 중요하지만 조망도 중요하다. 같은 단지의 A 집은 정남향이지만 조망은 바로 앞 동이다. B 집은 서향이지만 조망은 뻥 뚫린 호수 조망이다. 당신은 어디를 선택하겠는가? 사람마다 취향이 다르기 때문에 정답은 없지만 이런 경우에는 서향을 선택하면 좋다.

창과 단열의 문제로 남향이 아니면 겨울에 춥고 결로와 곰팡이로 고생해야 하는 구축 아파트와 달리 새 아파트는 단열과 창이 잘 돼 있어 해가 들어오지 않아도 겨울에 춥지 않다. 남향이라 해가 잘 들어와서 난방비가 줄어들 수 있지만 꼭 남향이 아니어도 된다는 것이다. 지금은 향보다 조망에 더 중점을 둬야 한다.

　새 아파트는 탑층과 필로티층도 인기가 많다. 구축 아파트의 탑층은 비로열층이다. 겨울에 춥고 여름에 더우며 물이 샐 수도 있기 때문이다. 지금 지어지는 아파트는 건축 기술이 발달해 구축 아파트에 생겼던 문제가 없어졌다. 오히려 탑층이 로열층이 된 시대다. 층간 소음에서 벗어날 수 있고 조망권과 일조권을 모두 가질 수 있는 집이 탑층이다.
　필로티층도 마찬가지다. 1층이 아니라 사생활 침해가 덜하고 아이가 눈치 안 보고 뛰어다닐 수 있다. 그리고 공부방 운영을 하려는 사람들이 늘어나면서 필로티층도 인기가 생겼다. 2층, 3층처럼 애매한 저층보다는 필로티층이 낫다.

누구나 원하는
탁 트이고 조용한 집

    구축 아파트와 신축 아파트에서 로열동과 로열층을 선택할 때 주의해야 할 점이 있다. 소음이다. 3차선, 4차선 바로 옆에 위치한 동은 소음이 심하고 매연으로 공기가 좋지 않다. 그러니 집 앞에 도로가 있다면 몇 차선인지, 차가 얼마나 다니는지 확인해야 한다.

    겨울에 집을 볼 때는 꼭 창문을 열고 소음을 체크해야 한다. 새 아파트의 창이 좋아져 소음이 안 들리다 해도 365일 24시간 문을 닫고 살지 않으니 꼭 살펴보자.

    집은 쉬는 공간이다. 삶의 질과 연결돼 있다. 이 삶의 질은 시간이 흐를수록, 나이가 들수록, 소득이 높을수록 더 중요해진다. 아파트를 선택할 때 환경도 중요하게 생각하는 시대가 됐다. 바쁘게 일하는 사람들은 직주 근접의 역세권 아파트를 1순위로 꼽는다. 그러다가 가정이 생기고 나이가 들수록 휴식하기 좋은 곳을 더 선호한다. 일 끝나고 집에 와서 야경을 바라보며 저녁을 먹고 동네 공원을 산책하며 가족들과 시간을 보내기 위해서다.

진짜 로열동, 로열층

환경이 중요시되면서 조망이 좋은 동과 좋지 않는 동의 가격 차이가 점점 더 벌어지고 있다. 가격 차이는 소득 수준이 높은 동네일수록 크다. 같은 아파트라도 한강이 보이는 동과 보이지 않는 동의 가격 차이가 큰 것처럼 말이다.

조망은 구축 아파트와 신축 아파트 모두 중요하다. 집을 보러 간 사람들에게 조망은 첫인상이다. 탁 트여 있고 호수, 바다, 산이 보이는 전망은 안정감을 준다. 조망이 좋은 곳은 살 때부터 가격이 비싸다. 몇천만 원이 아까워 조망이 안 좋은 곳을 선택하지 말자. 몇천만 원 더 비싸더라도 조망이 좋은 곳을 선택해야 한다. 시간이 지나면 내가 지불한 돈보다 가격 차이가 더 크게 날 것이다.

구축 아파트에서는 아파트 층수의 3분의 2 이상에서 탑층 아래층까지가 로열동이다. 20층 아파트에서는 약 13층부터 19층, 30층 아파트에서는 약 19층부터 29층이 로열층이 된다. 아무래도 해가 잘 들어오는 일조권과 탁 트인 조망권 때문에 사람들이 많이 찾는 높은 층이 로열층이 된 것이다. 로열층은 수요도 많아 다른 층보다 가격도 더 비싸게 나온다. 대부분 신축 아파트에서도 아파트 층수의 3분의 2가 로열층이 된다. 그런데 최근 로열층의 기준이 바뀌었다.

20층 아파트가 모인 단지는 무조건 모든 동의 13층부터 19층이 로열층인가? 그렇지 않다. 1동의 18층은 바로 앞 2동이 조망이다. 2동의 8층은 앞이 뻥 뚫린 공원 조망이다. 당신이라면 1동의 18층을 선택하겠는가, 2동의 8층을 선택하겠는가? 사람마다 기준이 다르기 때문에 정답은 없다. 하지만 '뷰'가 없는 높은 층보다는 '뷰'가 있는 낮은 층이 로열층이 되고 있다. 새 아파트의 저층은 조경이 조망이 됐을 때 로열층이 된다.

앞서 언급했듯이 새 아파트는 층간 소음에서 자유로운 탑층과 필로티층도 로열층이다. 그리고 최근 초고층 아파트에는 법적으로 '피난 안전 구역'을 만들게 돼 있다. 이는 초고층 건축물 등에 재난 발생 시 상시 근무자, 거주자 및 이용자가 대피할 수 있도록 설치한 구역을 말한다. 소방법에 따르면 30층 이상 49층 이하 아파트의 경우 전체 층수의 2분의 1에 해당하는 층으로부터 위아래 5개 층 이내에 설치해야 한다.

피난 안전 구역이 있는 동은 바로 그 위층이 로열층이다. 아이가 있는 부부는 층간 소음으로 인한 스트레스 때문에 필로티층를 찾는다. 사람들 대부분이 조망권과 일조권이 보장되는 중층이나 고층을 원하지만 어쩔 수 없이 필로티를 찾기도 한다. 그런데 피난 안전 구역 위층은 일조권과 조망권을 보장하면서 필로티층의 기능까지 한다. 당연히 인기가 많을 수밖에 없다. 하지만 피난 안전 구역이 모든 아파트 단지에 있는 것은 아니다.

20층	2001	2002	2003	2004		2001	2002	2003	2004
19층	피난 안전 구역					피난 안전 구역			
18층	1801	1802	1803	1804		1801	1802	1803	1804
	1	2	3	4		1	2	3	4
	101동					102동			

피난 안전 구역 아파트

좋은 학군과 아파트값의
밀접한 관계

아파트를 투자할 때 교통 다음으로 중요한 것은 학군이다. 우리는 먹고사는 일이 가장 중요하기 때문에 직장과 가장 밀접한 직주 근접의 중요성을 알고 있다. 아이가 없다면 직주 근접만 생각해 집을 구하면 되지만 결혼을 하고 아이가 생기면 교육 문제가 따른다. 부부는 자연스레 아이 교육에 관심을 갖고 학군 좋은 곳을 찾게 된다.

결혼하지 않은 사람들이나 부모 세대는 학군을 잘 이해하지 못한다. 학군 좋은 곳으로 이사를 간다고 하면 아이에게 사교육을 많이 시키고 교육에 모든 것을 쏟아붓는다고 생각한다. 하지만 학군은 아이의 교육

뿐만 아니라 그 환경이 주는 영향도 크기 때문에 중요하다.

학군은 왜 중요한가?

학군과 환경은 무슨 관계가 있을까? 아이가 초등학교 저학년까지는 부모의 영향을 많이 받는다. 하지만 초등학교 고학년이 되면서 부모보다는 친구를 더 의지하게 된다. 중학생, 고등학생이 되면 더 심해진다. 그래서 어떤 친구들을 만나느냐에 따라 대학까지도 영향이 간다.

이는 아이의 잘못이 아니다. 중학교, 고등학교 때는 매일 가는 곳이 학교다. 부모보다 친구들을 더 많이 만난다. 아이가 속한 무리에서 소외감을 느끼면 모든 것을 잃어버린 듯 두려움이 생긴다. 친구들을 따라 행동하게 되는 청소년기이기 때문이다.

아이를 키우는 부모들은 교육도 중요하지만 교우 관계도 걱정한다. 우리도 청소년기를 겪었기 때문에 친구의 중요성을 알고 있다. 그런 이유로 학군이 좋은 곳을 선택하는 경우도 많다. 꼭 공부를 잘하지 않아도 되니 학군이 좋은 지역에서 바른 친구들과 어울리길 바라는 것이다.

운동을 좋아하는 친구들과 사귀면 운동을 할 것이고, 욕을 잘하는 친구들과 사귀면 욕만 하게 될 것이다. 게임에 빠진 친구들과 사귀면 게임에 빠질 것이고, 공부를 잘하는 친구들과 있으면 공부를 하게 될 것이다. 또한 부모는 아이가 어른이 돼서 좋은 학군의 학연에 도움받을 수 있다고 생각한다.

학군에 대한 중요도는 시간이 갈수록 더 심해질 것이다. 출산율이 낮아지면서 아이를 낳지 않거나 한 명만 낳는 가정이 많다. 한 명만 낳는 만큼 잘 키우고 싶은 부모의 마음은 당연하다. 그러다 보니 학군이 좋은 지역은 수요가 계속 몰리게 돼 있다. 반대로 아이를 키우기 어려운 지역은 점점 수요가 없어질 가능성이 크다.

학군이 좋은 지역은 아파트 가격이 비싸다. 학군이 좋아져서 가격이 올랐는지 원래 가격이 비싼 지역의 학군이 좋아진 것인지는 알 수 없다. 무엇이 먼저든 집값과 학군은 떨어질 수 없는 관계다. 지금 시대는 사교육의 도움 없이 좋은 대학에 들어가기 힘들다. 자식 교육에 관심이 많고 좋은 학원에 보낼 수 있다는 것은 사교육으로 돈을 지출하는 데 경제적 부담이 적다는 뜻이다. 수입이 높은 고소득자일 가능성이 크다. 고소득층이 모여 사는 지역은 학군이 좋을 수밖에 없다.

아파트 투자는 내가 매수한 집을 다시 매수하려는 사람이 많아야 가격이 오른다. 그래서 투자할 때 학군을 빼놓고 생각할 수 없는 것이다. 공부가 중요하지 않다고 해서 학군이 형성되지 않은 지역에 투자를 한다면 나중에 매도할 때 잘 안 팔릴 수도 있다. 아파트 투자에서 학군은 교통만큼 중요한 요소다.

어디가
좋은 학군인가?

지금부터 설명하는 조건을 모두 갖춘 아파트가 학군이 좋은 아파트다. 이 지역의 아파트는 상승장에는 가격이 더 오르고 하락장에도 가격이 잘 내려가지 않는다.

초등학교는 무조건 가까울수록 좋다

앞서 언급했듯이 초등학교 저학년까지는 부모의 영향이 크다. 그리고 초등학교를 다닐 때는 사교육이나 공부보다는 안전을 중요하게 생각한다. 그래서 요즘 '초품아'가 인기다. 초등학교를 품은 아파트라는 뜻이다. 아파트 단지 안에 초등학교가 있으면 큰길을 건너지 않고도 등

하교를 할 수 있다. 맞벌이 부부일수록 집에서 학교까지 거리가 멀고 가는 길이 위험하다면 불안할 수밖에 없다. 초등학교가 먼 아파트는 부모가 아침마다 차로 아이를 학교까지 데려다줘야 한다. 하교는 학원 차로 해야 하기 때문에 학원도 필수로 보내야 한다. 어른과 저학년의 체감 거리는 다르다. 눈비가 올 때면 아이에게 학교는 더 멀리 느껴진다.

초등학교를 안전하고 가깝게 갈 수 있는 아파트는 실거주뿐 아니라 투자로도 좋다. 전월세가 꾸준히 잘 나가 임대 가격이 오르기 때문이다. 아이가 초등학교에 입학하면 정착하려는 사람들이 많아 이사 가려는 수요는 없고 이사 오고 싶은 수요는 늘어 매매 가격이 오른다.

학군의 중심은 중학교다

좋은 대학에 가려면 고등학교가 가장 중요하지 않을까? 1990년대까지만 해도 고등학교가 학군의 중심이었다. 좋은 대학에 많이 진학시키는 고등학교가 위치한 지역이 학군이 좋은 곳이었다. 이때는 특목고라고 하면 과학고, 외고 정도만 있었지만 최근 영재고와 자사고(자율형 시립/공립 고등학교) 등 고등학교의 종류가 많아졌다.

최근 일반고보다 특목고나 자사고에서 국내외 상위권 대학에 많이 진학하고 있다. 그래서 학부모들은 특목고나 자사고에 진학해야 아이가 상위권 대학에 갈 확률이 높아진다고 인식한다. 이런 현상으로 특목고나 자사고에 많이 진학하는 중학교가 중요해지기 시작했다.

2020년도 서울대 합격자 수 고등학교 순위를 보자. 1위부터 9위까지 살펴보면 일반고는 한 곳뿐이다. 그리고 나머지는 모두 특목고와 자사고다. 대입을 위해 고입도 중요한 시대가 온 것이다.

순위	학교명	구분	수시 (최초+추가 합격)	정시(최초)	종합
1	외대부고	자사고	30	39	69
2	하나고	자사고	57	5	62
3	대원외고	외고	35	23	58
4	상산고	자사고	11	26	37
5	한영외고	외고	21	7	28
6	대일외고	외고	26	1	27
7	명덕외고	외고	20	5	25
8	민사고	자사고	19	5	24
9	세종과고 세화고 화성고 휘문고	과고/영재고 자사고 일반고 자사고	21 7 6 7	1 15 16 15	22명 22명 22명 22명

2020년도 서울 대학교 합격자 수 고등학교 순위(해피로드)

그렇다면 좋은 중학교 학군은 어떻게 알 수 있을까? 매년 전국의 모든 학교가 같은 문제로 학업 성취도 평가를 본다. 이 학업 성취도 평가와 특목고 진학률로 중학교를 판단한다. 학업 성취도 평가의 성적이 높고 특목고 진학률이 높은 중학교가 있는 지역은 고등학교의 대학 진학 성적 또한 좋다. 아무리 공부를 잘하는 아이들이라도 특목고에 가지 않으면 보통 그 지역의 고등학교에 입학하기 때문이다. 그래서 중학교 학군이 가장 중요하다.

상위권 대학에 많이 진학하는 고등학교

우리는 8살이 되면 초등학교에 입학해 고등학교까지 다닌다. 검정고시를 볼 수도 있지만 국민 대부분이 고등학교를 졸업한다. 우리는 초등학교, 중학교, 고등학교 총 12년 동안 무엇을 위해 공부하는가? 결국은 대학이다.

대학을 가기 위한 마지막 과정이 고등학교다. 초등학교, 중학교 때 아무리 전교 1등을 해도 고등학교 때 공부를 못하면 좋은 대학에 갈 수 없다. 초등학교, 중학교 때 공부를 못해도 고등학교 때 성적을 올리면 좋은 대학에 갈 가능성이 높다. 그만큼 고등학교는 중요하다.

초등학교부터 중학교까지 총 9년 동안 열심히 공부했다면 고등학교에서도 분위기를 잘 끌고 가야 대학 입시에 성공할 수 있다. 그래서 고등학교는 분위기가 중요하다. 특목고나 자사고 등 대학 진학률이 높은 학교에 들어가기 위해 중학교를 중요하게 생각하는 것도 이 때문이다.

공부를 잘하는 친구들은 특목고에 모일 것이다. 공부를 열심히 하는 친구들과 함께 있으면 함께 공부하는 분위기가 만들어져 더 공부하게 된다. 하지만 원래 공부를 잘하는 학생도 학습 분위기가 형성되지 않으면 공부에 집중하기가 힘들어진다.

학교만큼 좋은 학군의 요소는 학원이다

학군이 좋은 지역은 초등학교, 중학교, 고등학교뿐만 아니라 학원가의 형성도 큰 역할을 한다. 강남구 대치동, 양천구 목동, 노원구 중계동이 대표적이다.

학교에 다녀와서 학원을 갈 때 버스를 타고 가서 수업이 끝나면 버스를 타고 집으로 와야 한다. 보통 중학교, 고등학교 수업을 하는 학원은 셔틀도 잘 운행하지 않는다. 그렇다면 엄마나 아빠가 매일 차로 아이를 학원에 데려다주고 데려와야 한다. 부부는 점점 사람들이 학원이 몰려 있는 학원가 근처의 아파트를 찾게 된다.

초등학교 때는 가까운 학교에 가듯이 학원도 가까우면 보낸다. 하지만 중학생, 고등학생이 되면 학원이 가깝다고 그 학원에 다니지 않는다. 얼마나 성적을 높여 줄 수 있는지, 상위권 대학을 갈 공부와 준비를 해줄 수 있는지가 중요하다.

이런 학원들이 모여 있는지 없는지가 중요하다. 특히 대형 학원가가 있는지 확인해야 한다. 대형 학원가가 모인 곳은 다른 지역에서도 그 학원을 다니기 위해 오기도 한다. 대형 학원가가 있는 지역과 아파트들은 수요가 많아져 가격이 오르게 된다.

높은 성적을 내는 학원가가 있는 지역은 중학교, 고등학교의 학군 또한 좋을 수밖에 없다. 당신이 학원 원장이라면 시골에 학원을 오픈하겠는가? 학원도 사업이기 때문에 교육에 관심이 많은 지역, 공부를 잘하는 지역에 오픈하고 싶다. 그 학원에 다니는 아이들의 결과가 좋아야 다른 친구들도 그 학원에 다니게 된다.

일자리와 아파트값의
밀접한 관계

수요가 늘어나면 가격이 오르고, 공급이 늘어나면 가격이 떨어진다. 지역에 수요가 증가한다는 것은 사람이 많이 모인다는 뜻이다. 수요가 늘어날 수 있는 가장 큰 요소는 '일자리'다. 직장은 우리와 떼려야 뗄 수 없는 관계다. 회사가 다른 도시로 옮기면 우리는 회사 상황에 맞춰 그 지역으로 옮겨 간다. 직장이 대기업일수록 더 맞추게 된다.

삼성이 다른 도시로 이전한다면 삼성에 다니는 회사원이 직장 따라 이사를 선택할 것이다. 직장을 그만두고 내가 사는 지역에 다시 취직하기란 다소 힘들다. 그러므로 일자리가 생길 지역은 수요가 늘어날 수밖에 없다.

대기업과 대형 병원이 일자리 수요를 만든다

우리는 기업의 동향을 잘 살펴야 한다. 어느 기업이 어떤 지역으로 옮긴다거나 새로 공장을 짓는다는 뉴스에 귀 기울여야 한다. 그중에서도 삼성, 엘지, 현대, SK하이닉스 등 우리 나라 경제의 중심인 대기업에 주목해야 한다. 대기업일수록 기업 규모도 크고 일하는 사람도 많다. 기업이 중심을 잡은 '자족 도시'는 일자리를 기반으로 인구가 지속적으로 늘어난다.

'자족 도시'란 기업을 중심으로 스스로 생존할 수 있는 도시를 말한다. 수도권의 자족 도시로는 마곡, 수원, 이천, 판교, 평택, 천안, 화성 등이 있다. 이런 도시는 대기업의 본사나 공장, 연구 단지가 있다.

어느 지역에 대기업이 들어온다고 해 보자. 이는 그곳에 기업만 들어온다는 것을 의미하지 않는다. 수많은 하청 업체, 관계 종사자와 일하는 사람들이 이용할 상권과 병원 등이 함께 들어온다는 뜻이다.

판교는 2019년 기준 약 1,300개의 기업이 들어와 있고 약 7만 명이 일하고 있다. 이곳에는 대기업, 중견 기업, 중소기업 등 다양한 사업체가 있다. 기업뿐만 아니라 쇼핑 시설, 편의 시설, 교통 시설까지 갖추고 있다. 이런 지역은 자리 잡은 자족 도시로 아파트의 매매가와 전세가가 꾸준히 오를 수밖에 없다.

대기업뿐만 아니라 대형 병원이 생기거나 증축한다는 뉴스에도 주목해야 한다. 대형 병원은 삼성병원, 아산병원, 세브란스병원, 서울대병원 같은 큰 병원을 말한다. 대형 병원에는 의사, 간호사, 병원 관계자 등 수많은 사람이 일을 한다. 병원이 들어서면 인력, 수많은 환자, 손님을 위한 편의 시설과 상권도 함께 생긴다. 대형 병원은 24시간 열려 있다. 의사와 간호사는 교대 근무로 인해 병원과 가까이 살기를 원한다.

이렇게 대기업과 대형 병원이 생기는 지역에는 수천수만 명이 집을 구한다. 집이 부족해지니 매매가와 전세가가 오른다.

그렇다면 기업과 병원이 들어오는 지역을 어떻게 찾을 수 있을까? 이미 기업들이 들어와 있는 곳은 아파트값이 비싸다. 우리는 기업들이 들어올 지역을 미리 알고 투자해야 한다. 신문이나 뉴스, 온라인 커뮤니티 등을 자주 확인하면서 지역의 흐름과 호재를 파악하자. 호재를 알았다면 그 지역에 가서 기업이나 병원이 들어올 자리를 확인한다. 그리고 부동산에 꼭 들른다. 지역 부동산에는 기사에 나오지 않거나 아직 기사화되지 않은 호재를 알고 있는 경우가 많다.

직주 근접의 정확한 의미

사람들이 집을 구할 때 가장 우선순위로 두는 것은 무엇일까? 직장이다. 아이가 있으면 학군을 볼 수도 있고 새 아파트를 원할 수도 있다. 하지만 이런 조건도 직장을 기반으로 두고 정해야 하는 것들이다. 학군, 환경, 아파트의 상품은 두 번째다.

직장이 천안이라고 생각해 보자. 학군이 중요하다며 강남에서 천안까지 매일 출퇴근할 것인가? 천안에서 학군 좋은 곳을 찾아볼 것이다. 결국 집을 구하는 첫 번째 조건은 직장의 위치다.

직장과 거주지가 가까운 곳을 '직주 근접'이라고 한다. 왜 직주 근접이 1순위인지 예시로 살펴보자.

A는 직장이 강남이다. 집은 직장과는 멀지만 3억 원대 넓은 신축 아파트를 선택했다. 강남 직장까지 가려면 버스를 타고 2시간을 가야 한다. 평소에는 1시간이 걸리는 거리지만 출퇴근 시간에는 2시간이 걸린다. A는 2시간 동안 책도 읽고 영화도 보면 된다고 생각한다. 그런데 정말 출퇴근 4시간 동안 책과 영화를 볼 수 있을까?

A는 버스나 지하철에서 서서 가야 할 가능성이 크다. 퇴근 시간에 강남역에서 수도권으로 가는 버스 승객의 줄을 본 적 있는가? 엄청 길다. 버스를 많이 이용하는 이유는 집까지 한 번에 가기 때문이다. 버스에는 이미 사람들이 많이 타고 있다. 내 앞에 줄 서 있는 사람들도 겨우 탑승해 서서 간다. 심지어 서서 갈 자리도 없을 땐 버스를 한 대씩 보내기도 한다.

이것이 일상이다. 이렇게 매일 버스를 한두 대를 보내고 서서 타고 오가기까지 2시간씩 왕복 4시간을 써야 한다.

B도 직장이 강남이다. B는 직장에서 30분 이내 거리에 3억 원의 오래

된 작은 아파트를 선택했다. B는 일이 끝나면 운동이나 취미 생활을 할 수 있다. 그리고 매일 가족과 저녁 시간을 보낼 수 있다. 아파트는 작고 오래됐지만 삶의 질은 올라갔다. 그리고 일의 능률도 오른다.

이것이 직주 근접의 힘이다. 아무리 넓은 신축 아파트여도 그 가치를 누릴 시간이 없으면 소용이 없다.

A와 B가 직장을 옮기게 돼 집을 매도하게 됐다. A와 B 중 시세 차익은 누가 더 많았을까? B가 더 많았다. 이유는 B의 집을 사려는 수요가 더 많기 때문이다. 강남에서 일하는 사람들은 A의 집보다 B의 집을 선택하려고 한다. 가깝기 때문이다. 즉, 시간이 더 중요하다. A의 집은 그 집에서 가까운 직장인이 살 가능성이 크다. 중요한 점은 A가 산 지역보다 B가 산 지역의 일자리 수요가 더 많다는 것이다.

결국 직주 근접이란 본인의 집과 직장이 가까운 것이 아니라 나의 집을 사 줄 사람의 집과 직장이 가까워야 한다. 직주 근접은 나의 기준이 아닌 일자리가 기준이 돼야 한다는 것이다. 그 회사에서 일하는 사람들이 나의 집을 내가 산 가격보다 비싸게 사 줄 것인지가 중요하다. 나의 집을 비싸게 사 줄 사람들은 어때야 할까? 수입이 많아야 한다. 즉, 그 지역에 대기업이나 대형 병원 같은 곳에서 높은 연봉을 받는 사람이 많아야 한다는 뜻이다.

실거주나 투자를 할 때는 지금 일자리의 수보다 일자리가 늘어날 곳을 선택하면 된다. 이미 기업이 들어와 일자리가 많은 지역은 가격이 비싸다. 지금부터 일자리가 늘어날 지역을 찾아 실거주나 투자를 하면 된다. 이미 기업이 들어간 지역의 아파트값이 많이 올랐다면 그 옆 동네나 가까운 지역을 살펴보면 좋다.

분당구 판교를 살펴보자. 판교테크노밸리는 2012년부터 입주해서 2013년도에 870개의 기업이 입주했다. 2018년도 말까지 1,309개의 입주 기업이 늘어났다. 카카오, 넥슨, 엔씨소프트, NHN엔터테이먼트 등 탄탄한 기업들이 입주해 있고 분당에 네이버, KT, 서울대학교병원 등 큰 기업과 대형 병원이 들어왔다.

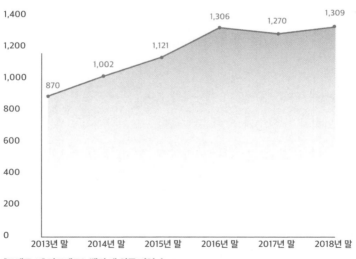

[그래프 11] 판교테크노밸리 내 입주 기업 수(판교테크노밸리 자료실)

이렇게 큰 기업들과 판교 테크노밸리가 입주하면서 판교를 중심으로 분당 전체 가격이 올랐다. 판교에 입주하는 인원이 많아지고 아파트값이 오르면서 옆 동네 용인시 수지구도 가격이 올랐다. 수지는 신분당선을 타고 판교에 15분 만에 도착할 수 있는 지역이다.

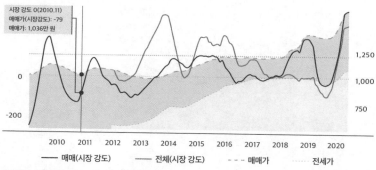

[그래프 12] 경기 성남시 분당구 멀티 차트

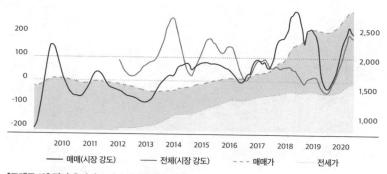

[그래프 13] 경기 용인시 수지구 멀티 차트

*시장 강도란? 시장 변화의 정도.

check point

- 애플리케이션으로 아파트 단지의 평형 분포와 세대수 확인하는 법

① 'KB 부동산 리브온(http://onland.kbstar.com)'에 들어간다.

② 관심 있는 아파트를 검색한다.

③ '단지 정보' → '면적별 세대수'에서 평형별 세대수가 나온다.

④ '평면도'에서 평형별 방, 화장실 개수와 구조를 함께 확인한다.

① '네이버 부동산(http://land.naver.com)'에 들어간다.

② 관심 있는 아파트를 검색한다.

③ '단지 정보'를 클릭한다.

④ 평형별 구조와 해당 면적 세대수를 확인한다.

- 소형은 직장 중심으로 교통이 좋고 편의 시설이 가까운 곳에 수요가 많다.

- 중형은 아이가 중심으로 학교에 다니기 편하고 교육 시설이 잘 갖춰진 곳에 수요가 많다.

- 대형은 입지를 중심으로 부자 동네가 형성된다. 대형을 투자할 때는 꼭 입지 분석이 필요하다. 대형은 가격보다 그 지역에 대형이 희소가치가 있는지, 수요가 있는지 확인해야 한다.

- 역세권마다 가치가 다르다. 직장과 연결돼 있어야 한다. 물리적 이동 거리보다 시간적 거리가 더 중요하다.

- 역세권이 될 아파트를 알고 싶다면 '국가 철도망 구축 계획'을 살피자. 철도 10년 계획을 5년마다 발표한다.

- 구축 아파트의 로열동과 로열층은 지하 주차장과 연결돼 있는 1~4라인 중 안쪽 2~3라인, 고층이다.

- 신축 아파트의 로열동은 주차장 출입구 층과 연결돼 있는 동, 상가와 버스 정류장과 가까운 동, 로열층은 탑층과 필로티층이 인기가 많고 피난 안전 구역이 있는 아파트일 경우 피난 안전 구역 위아래 층이 좋다. 소비자의 성향과 니즈가 달라지면서 로열동과 로열층의 기준도 바뀌었다.

- 좋은 학군의 지역은 아파트값이 비싸고 잘 떨어지지 않는다. 학교와 학원가가 가까운 아파트가 좋다.

- 일자리 유입과 아파트값은 밀접하다. 일자리가 많아지면서 수요도 많아져 옆 동네까지 영향이 간다. 이미 오른 지역에 투자하기 힘들다면 그 옆 도시나 옆 동네를 살펴보자. 분명 저평가된 지역과 아파트를 찾을 수 있을 것이다.

7장

부린이 주부에서
투자 고수로

아파트 투자 실전 노하우

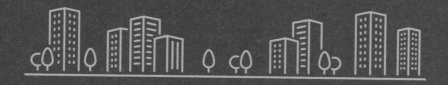

임장 전에
준비해야 할 것들

아파트 투자에서는 현장 조사가 가장 중요하다. 주식이나 펀드 등 금융 상품은 투자하려는 그 회사에 직접 찾아가도 필요한 정보를 알 수 없다. 하지만 아파트는 현장을 자주 가면 갈수록 정보를 얻을 수 있다.

현장에 직접 가서 해당 부동산을 조사하는 것을 '임장'이라고 한다. 요즘은 인터넷으로 웬만한 정보를 알 수 있다. 오히려 정보가 넘친다. 하지만 아파트는 인터넷 정보만 믿고 투자해서는 안 된다. 임장이 꼭 필요한 투자다.

사람은 아는 만큼 보인다. 여행할 때 그곳의 역사나 문화에 대해 알고 가면 그곳을 더 이해하기 쉽고 더 많은 것이 보인다. 그러면 여행이 더 재미있어진다. 임장도 마찬가지다. 내가 조사하고 준비한 만큼 보인다. 새로운 지역의 임장은 여행처럼 마음을 설레게 한다. 내가 지금 살고 있는 지역은 남들이 잘 모르는 부분까지 알 수 있다는 것처럼 임장도 자주 가다 보면 남들이 모르는 점까지 알 수 있다.

지역 커뮤니티, 맘 카페에서 정보 얻기

임장을 하기 전에 그 지역의 맘 카페나 지역 카페에서 정보를 얻을 수 있다. 지역 맘 카페는 기혼 여성, 특히 주부들의 소통 공간이다. 맘 카페에 가입하면 그 지역의 학교, 식당, 병원 등 여러 가지 정보를 알 수 있다. 또한 사람들이 선호하는 아파트가 어디인지, 어디에 학교와 학원이 생기는지 등 정보가 많다. 지역의 특정 이슈나 엄마들의 교육열, 동네 분위기까지 파악할 수 있다.

지역 커뮤니티에는 그 동네에 관련된 뉴스나 정보가 많이 올라온다. 일자리나 지하철이 들어오는지, 대형 쇼핑몰이 지어질 예정이거나 지어지고 있는지도 확인한다. 지역이 발전되고 수요가 늘어날 요건이 되는 뉴스들을 정리해 본다. 착공이나 완공 날짜를 확인해 보고 주소도 미리 알아 두면 좋다. 임장을 가면 직접 탐문해 볼 수 있기 때문이다. 지역 커뮤니티에는 일반인들이 모르는 많은 정보가 올라온다. 자주 들어가서 확인해 보는 것이 좋다.

지도로 관심 지역과 아파트 살펴보기

임장 전에는 어느 지역의 현장을 갈지 정해야 한다. 그리고 무작정 그 지역에 바로 가지 말고 지도를 계속 보면서 머릿속에 동네를 익혀야 한다. 관심 있는 아파트가 있다면 그 아파트만 보지 말고 지역을 먼저 파악해야 한다. 포털 사이트 지도를 펼쳐 행정 구역이 어떻게 나뉘는지 확인한다. 행정 구역에 따라 학교 배정도, 가격도 달라지기 때문이다.

포털 사이트 지도에서 지역을 검색하면 경계선이 표시된다. 경계선을 정확히 확인하고 동마다 구분하여 경계를 지어 본다. 지도를 보면서 관심 있는 아파트를 클릭해 단지 정보와 시세를 확인한다. 그리고 아파트의 주변이 궁금하다면 로드뷰와 항공뷰로 볼 수 있다.

관심을 둔 아파트가 있다면 지하철, 버스 정류장 위치를 확인한다. 그리고 버스 정류장에는 어떤 버스가 어디로 가는지, 얼마나 다니는지도 확인한다. 버스 정류장이 가깝다고 계약했다가 알고 보니 그 버스 정류장에는 1시간에 1대 다니는 버스만 지나가는 경우도 있다. 버스 종류와 시간대를 꼭 확인하자. '길찾기'를 통해 지하철역으로 가는 길을 미리 확인하고 지하철역이 먼 아파트라면 지하철까지 가는 버스가 많은지 살펴본다.

지도로 아파트 단지에서 가까운 편의 시설과 기반 시설을 모두 찾을 수 있다. 버스 정류장뿐만 아니라 카페, 음식점, 슈퍼, 주유소 등 아파트 주위에 어떤 상권이 형성돼 있는지 확인하자. 마트, 병원, 학교의 위치를 확인하고 같은 단지라도 몇 동이 시설과 가장 가까운지도 살펴본다. 지도로 미리 로열동, 로열층을 찾아보면 현장에서 도움이 많이 된다.

지도로 지역과 아파트를 조사한 후에 시세를 확인한다. 아파트를 클릭하면 매매, 전세, 월세가 몇 건 있는지 알 수 있다. '매매'를 클릭하면 시세가 나온다. 그리고 어느 부동산에서 이 집을 내놨는지도 나온다.

마음에 드는 집이 있다면 부동산에 전화를 한다. 그리고 실제 거래 가능한 물건인지 확인한다. 부동산에 전화를 할 때는 예절을 지켜 친절하게 질문하고 대답해야 한다. 그래야 부동산에서 나를 신뢰하고 좋은 매물을 추천해 줄 수 있다.

똑똑하게
현장 살펴보기

부동산과 약속을 잡고 현장으로 간다. 부동산과 오후 3시에 약속을 잡았다면 적어도 오후 1시에는 그 동네에 도착해서 주변을 살펴보는 것이 좋다. 많은 사람이 임장을 간다고 하면 부동산과 약속 시간에 맞춰 도착한다. 그리고 부동산에서 정보를 듣고 집을 본다. 내가 먼저 보고 설명을 듣는 것과 설명부터 듣고 둘러보는 것은 차이가 크다.

먼저 도착하면 지도에서 본 지역과 아파트를 둘러보고 상가, 학교, 버스 정류장, 지하철역을 모두 도보로 다니며 살펴보는 것이 좋다. 부동산에서도 이 지역에 대해 전혀 모르는 사람과 잘 아는 사람을 금방 알아본다. 잘 아는 사람에게는 아무 물건이나 추천하지 않는다. 잘 모르는 사람일수록 아무 물건이나 팔 가능성이 높다.

처음 임장은 걸어서 해야 한다

투자하고 싶은 지역에 처음 임장을 간다면 차보다는 대중교통을 이용하는 것이 좋다. 내가 그 동네에 직접 살 것이라고 생각하고 현장을 살펴봐야 하기 때문이다. 대중교통을 이용한다면 지하철역에서 내려 가장 가까운 아파트가 어디인지 찾아본다. 그리고 관심 있는 아파트는 지하철역에서 얼마나 걸리는지도 걸어서 확인한다.

관심 있는 아파트에 도착했다면 초등학교가 가까운지 걸어가 본다. 가는 길이 위험하지 않은지 살펴보고 마트와 병원 등 편의 시설도 가 본다. 그리고 아파트 주변에 유해 시설과 유흥가 등 혐오 시설이 없는지 확인한다.

임장을 할 때는 내가 이 동네에 살고 있다고 생각해야 한다. 학교, 상권, 대중교통을 이용한다고 가정하고 직접 걸어 다녀 보는 것이다. 지도에서는 알 수 없는 아파트 단지 안을 직접 확인하려면 차보다는 걷는 것이 좋다. 왜냐하면 지도에서는 집과 편의 시설이 가깝게 느껴지지만 실제로 가 보면 언덕이 심하거나 정문까지 한 바퀴 돌아 나가야 하는 아파트들이 있다. 같은 단지 안이라도 차로 가는 길과 도보로 가는 방법은 다르니 걸어서 단지 끝과 입구를 가 봐야 로열동, 로열층을 찾을 수 있다. 그리고 단지 안이 잘 관리되고 있는지도 알 수 있다. 운전해서 편의

시설까지 가야 하는 아파트라면 그만큼 불편함을 감수해야 하므로 가
격이 저렴할 것이다.

로열동, 로열층에 대해 앞서 설명했듯이 지하 주차장과 엘리베이터
가 연결돼 있는지도 확인한다. 신축 아파트 중에는 지하 주차장이 복잡
한 곳이 많다. 주차장 출입구가 1층에 위치한 아파트는 주차장에 들어
가면 어떤 동과 가장 가까운지 확인한다. 그리고 주차장 출입구 층과 연
결된 동이 어디인지도 체크해야 한다. 구축 아파트도 지하 주차장이 있
다면 주차장이 연결돼 있는 동과 아닌 동을 미리 살펴봐야 한다.

임장을 가면 아파트 단지 안에서 삼삼오오 모여 이야기를 나누는 주
민들을 만날 수 있다. 주민들에게 이사 올 예정이라고 하면서 이 동네와
아파트에 대해 물어본다. 살기 어떤지, 장단점은 무엇인지 자세히 물어
본다. 주민들에게 질문을 할 때는 정답게 다가가야 한다. 그래야 일반
인은 모르는 그들만 아는 정보를 들을 수 있다. 실제로 거주하는 주민들
의 이야기는 아파트를 투자하는 데 큰 도움이 된다.

동네와 아파트를 꼼꼼히 살펴봤다면 부동산에 간다. 아는 내용이라
도 부동산 사장님께서 설명해 주시면 잘 들어 본다. 임장을 오기 전에
이 지역을 공부했고 지역과 아파트 현장도 살펴봤기 때문에 중개사의
설명이 더 잘 들릴 것이다. 그리고 시세에 대해 궁금한 점을 물어보고
특별히 저렴한 집이 있다면 왜 저렴한지도 물어본다.

이 아파트의 로열동, 로열층이 어디인지도 확인한다. 부동산 사장님이 말하는 로열동, 로열층은 사람들이 가장 많이 찾은 동, 층이라고 볼 수 있다.

집 안을 볼 기회는 많지 않다

사장님과 이야기를 나누고 집을 보러 가면 된다. 직접 집 안을 볼 때는 신중하게 자세히 봐야 한다. 아파트 단지나 동네는 내가 오고 싶을 때 또 올 수 있지만 집은 사람이 살고 있기 때문에 자주 와서 보기가 힘들다. 꼭 매수할 예정이라면 다시 보여 주겠지만 단지 궁금해서 집을 또 본다고 하면 사장님도 집주인도 좋아하지 않는다.

아파트 출입문에 도착하면 보안이 잘 돼 있는지 점검한다. 엘리베이터가 몇 개인지, 속도가 빠른지도 살펴보자.

이제는 집 안을 자세히 보는 게 중요하다. 집 안을 본다면 밤보다는 낮에 둘러봐야 좋다. 해가 잘 들어오는지, 전망이 어떤지 확인하기 위해서다. 신축 아파트라면 인테리어에 크게 신경 쓰지 않아도 되지만 구축 아파트는 인테리어를 하게 된다면 어느 정도 해야 할지 자세히 살펴본다. 주방 베란다와 거실 베란다에 곰팡이가 없는지 확인하고 집에 습한 냄새가 나지 않는지 냄새도 맡아 본다.

높은 층이라면 수압이 강한지 점검하고 수납 공간이 많은지도 확인한다. 인테리어를 할 때 방과 거실은 도배, 장판만 새로 해도 집이 깔끔

해진다. 하지만 화장실과 싱크대는 노후 상태에 따라 인테리어 비용이 많이 들 수도 있으니 화장실과 싱크대를 잘 살펴보자.

집 안을 자세히 본다 해도 그 집에서 나가면 곧 잊어버리게 마련이다. 하루에 여러 집을 보다 보면 나중에 어떤 집이 어떤 상태였는지 기억이 안 난다. 그러니 주인이나 세입자의 허락을 받아 사진을 찍어 남기는 것이 좋다.

계약하기 전 최소 3번 이상 가야 한다

임장을 하고 계약하고 싶은 집이 있다면 최소 3번 이상은 가 봐야 한다. 처음 대중교통을 이용해 가 봤다면 다음에는 자가용을 이용해서 가 본다. 도로가 넓은지, 차가 막히지는 않는지, 주차장은 여유가 있는지 확인해야 한다.

자가용을 이용해서 갈 때는 출퇴근 시간에 가 보면 좋다. 아무리 교통이 좋은 곳도 출퇴근 시간에 너무 막히면 교통이 좋다고 할 수 없다. 주차장 확인은 낮에 하면 소용이 없다. 일 끝나고 퇴근 시간 이후에 해야 한다. 그리고 퇴근 시간이 지난 늦은 시간에 주차할 자리가 있는지 꼭 확인한다. 일 끝나고 들어와 주차 자리를 찾기 위해 시간을 쓰는 일이 없어야 한다.

이 아파트에 이미 살고 있다는 생각으로 임장을 해야 한다. 아침에 버스를 타고 출근하는 데 얼마나 걸리는지 확인한다. 지하철이 없는 동네라면 버스를 타고 출근해야 한다. 출근 시간에 버스를 기다려 보면서 버스 시간대를 확인하고 앉아서 갈 수 있는지도 본다.

점심에는 집에 해가 얼마나 잘 들어오는지 일조권을 체크한다. 시간 여유가 있다면 대중교통으로 3번, 자가용으로 3번 아침, 점심, 저녁 임장하길 바란다.

어떤 동네는 평일에 막히지 않던 길이 근처에 자리한 아울렛이나 대형 쇼핑몰로 인해 주말에 길이 막히기도 한다. 그래서 평일과 주말 모두 임장해 봐야 한다. 동네에 대형 쇼핑몰이 있다면 쇼핑몰도 가 본다. 그리고 가장 가까운 아파트가 어디인지 살핀다.

대형 쇼핑몰은 그 지역뿐만 아니라 다른 지역에서도 몰려와 주차하는 데 시간이 오래 걸린다. 그래서 대형 쇼핑몰을 걸어서 갈 수 있는 아파트는 인기가 많다. 이런 아파트를 발견하려면 현장을 직접 가 봐야 알 수 있다. 물론 지도를 볼 수도 있지만 차를 타고 와서 주차하는 데 시간이 얼마나 걸리는지는 직접 경험해 봐야 가까운 아파트의 가치를 알 수 있다.

절대 손해 보지 않는
계약서 작성 가이드

　모든 거래에는 계약서를 써야 한다. 부동산에서 계약서는 매도인과 매수인, 임대인과 임차인과의 매매, 전세, 월세 약속을 문서화한 것이다. 함께 정하는 약속은 구두로도 가능하지만 분쟁의 소지를 없애기 위해 계약서는 반드시 필요하다. 보통 매매나 임대 계약서는 공인 중개사를 통하거나 직접 합의하에 계약서를 작성한다.

　공인 중개사를 통해 계약서를 쓸 때도 신중해야 하지만 직접 계약서를 작성할 때는 더욱 철저한 확인이 필요하다. 부동산 공부를 많이 하고 좋은 물건을 잡았다 할지라도 계약서를 잘못 쓰면 모든 게 물거품이 된다. 그만큼 부동산 계약서는 중요하다. 아파트를 거래할 때 확인해야 하는 서류들을 살펴보자.

등기부 등본을 확인한다

등기부 등본은 '대법원 인터넷등기소'의 '열람하기'에서 주소를 검색하면 확인할 수 있다. 열람 수수료는 700원, 발급 수수료는 1,000원이다. 등기부 등본에서는 소유주의 이름을 확인한다. 등기부 등본상의 소유주와 매매하려는 소유주가 일치하는지 확인하는 것이다.

대리인이 계약을 한다면 소유권자의 인감 증명서와 인감 도장과 신분증을 꼭 확인한다. 그리고 계약금을 보내기 전에 직접 소유권자와 통화해서 신분을 확인하는 것이 안전하다. 신분이 확인됐다면 계약금은 소유주 통장으로 보내야 한다. 아내가 소유권자인데 남편이 와서 남편 본인 통장으로 계약금을 보내 달라고 해도 소유권자인 아내 통장으로 보내야 한다. 자식이 와도 마찬가지다. 무조건 돈 거래는 소유권자 통장으로 입금해야 한다.

소유권자의 인적 사항을 확인했다면 소유권자 이외에 소유권이 있는 저당권, 전세권 등의 권리를 확인한다. 소유권자가 집을 담보로 대출을 받았다면 근저당이 설정돼 있을 것이다. 근저당이 설정돼 있다면 채권 최고액을 확인한다.

채권 최고액은 담보 대출 금액의 전체가 아니라 실제 대출보다 20~30% 높게 설정돼 있다. 이는 대출받은 소유권자가 이자를 연체하거나 대출을 갚지 못했을 때를 대비해 은행에서 높게 설정한 것이다.

[집합건물]

【 을 구 】 (소유권 이외의 권리에 관한 사항)				
순위번호	등 기 목 적	접 수	등 기 원 인	권리자 및 기타사항
1	근저당권설정	2020년3월23일 제31455호	2020년3월23일 설정계약	채권최고액 금240,000,000원 채무자 근저당권자 농협은행주식회사 110111-4809385 서울특별시 중구 통일로 120(충정로1가) (신현동지점)

-- 이 하 여 백 --

관할등기소 수원지방법원 안산지원 시흥등기소 / 발행등기소 법원행정처 등기정보중앙관리소
수수료   1,000원 영수함

소유권 이외의 권리에 관한 사항 예시

[을구(소유권 이외의 권리에 관한 사항)]를 보자. 근저당권 설정을 보면 채권 최고액이 금 240,000,000원(2억 4,000만 원)이다. 근저당권자는 농협은행 이므로, 농협은행에서 대출했음을 알 수 있다. 원래 대출 금액은 2억 원 인데 20% 높은 2억 4,000만 원으로 채권 최고액이 설정돼 있다. 만약 등 기부 등본에서 말소하기 어려운 가압류나 가처분 항목이 있다면 꼭 법 무사와 상담 후에 계약해야 한다.

부동산을 매수할 때는 잔금을 치르는 날 법무사와 동행해 근저당을 말소하고 계약을 마무리하기 때문에 큰 문제가 없다. 하지만 전세를 계 약할 때는 전세금을 모두 입금하기 전에 잔금일까지 등기부 등본을 확 인해야 한다. 왜냐하면 전세 계약서를 쓰는 날 근저당과 잔금일의 근저 당이 다를 수 있기 때문이다.

예를 들어 계약서를 쓴 날에는 채권 최고액이 2억 원이었는데 잔금일에는 3억 원일 수도 있다는 것이다. 이는 임대인이 그 사이 대출을 더 받은 것이다. 모든 대출을 전세 계약금으로 갚으면 문제가 되지 않지만 갚지 않으면 나중에 문제가 될 수 있다.

보통 전세금으로 근저당을 갚는 조건으로 전세를 내놓고 계약서를 쓰는데 상환하지 않는 임대인이 종종 있다. 전세 계약서를 쓰는 날에는 등기부 등본에 대출이 없는 것으로 나오게 했다가 잔금 전에 대출을 받는 임대인들도 있다. 전세 계약서를 쓸 때 대출이 있는지 모르고 전세 계약금을 주면 집에 문제가 생겼을 때 전세 계약금을 못 받을 가능성이 크다. 그래서 잔금 당일까지 등기부 등본을 확인하고 전세금을 입금해야 한다.

근저당이 있는 집에 전세를 계약할 때는 잔금을 치를 때 임대인과 함께 은행에 가서 대출을 상환해야 한다. 그리고 등기부 등본상에 대출을 갚았다는 것을 확인하는 말소 신청까지 됐는지 확인해야 한다. 대출을 말소하지 않고 전세 계약을 하면 은행보다 전세 계약자가 후순위로 밀린다.

임대인이 국가 세금을 내지 않아 세금이 밀려있는지도 확인해야 한다. 나중에 이 집에 문제가 생기면 임차인의 전세금보다 국가와 은행이 우선순위가 된다는 것을 명심하자.

계약서를 정확하게 확인하고 써야 한다

계약서는 임차인과 임대인, 매수자와 매도자가 함께 상의한 결과를 문서로 증명한 것이므로 정말 중요하다. 부동산 매매 계약서에는 가장 위에 '1. 부동산의 표시'가 있다. 소재지에 매수와 매도할 주소를 적는다. 주소 또한 등기부 등본상의 주소와 일치하는지 확인한다. 그리고 부동산의 구조와 용도, 면적이 정확한지 확인한다.

그 아래 매매 대금, 계약금, 중도금, 잔금, 융자금 등 액수와 날짜를 적는 곳이 있다. 매매 대금을 적을 때는 숫자 0이 더 있거나 빠지지 않았는지 확인한다. 매매 대금에서 계약금을 뺀 잔금이 정확한지도 직접 계산해 본다. (299쪽 부동산 매매 계약서 참고)

매도자가 계약금을 받고 잔금 전에 계약을 해지하려면 보통 계약금의 2배를 보상해야 한다. 그래서 매도자는 꼭 계약을 해지하지 않겠다는 확신과 결정을 하고 집을 계약해야 한다.

계약서를 쓰기 전 매수자가 가계약금만 보냈을 때를 말하자면, 가계약금만 받은 매도자가 이 계약을 해지하기 위해 가계약금의 2배만 주고 해약하려는 경우가 있다. 가계약만 입금했더라도 가계약금이 아닌 약속했던 전체 계약금의 2배를 줘야 한다.

예를 들어 2억 원의 집의 계약금을 10%인 2,000만 원으로 정했다. 매수자는 계약서를 쓰기 전 300만 원의 가계약금을 입금했다. 매도자가 마음이 바뀌어 가계약금 300만 원의 2배인 600만 원만 주고 계약을 해

지하려고 한다. 하지만 매도자는 원래 계약금 10%인 2,000만 원의 2배, 4,000만 원을 매도자에게 줘야 계약을 해지할 수 있다.

중도금은 보통 분양권을 매수, 매도할 때 낸다. 일반 매매 계약을 할 때에도 중도금을 주고받을 수 있다. 가계약금을 입금한 일반 매매에서는 계약서를 쓰면서 금액의 10%(가계약금을 뺀)를 입금한다. 그리고 매매가의 90%를 잔금일에 치른다.

사고 싶던 아파트가 급매에 나왔다고 해 보자. 그때는 계약금 10%를 입금하고 날짜를 정해 중도금을 입금하는 것이 좋다. 계약금 10%만 입금하면 매도자가 2배를 돌려주고 계약을 해지할 수 있지만 중도금을 입금하면 아예 계약을 해지할 수 없기 때문이다.

계약서 내용은 보통 2조부터 9조까지 나와 있다. 부동산 사무소에서 중개인이 읽어 준다. 그리고 매수인과 매도인 또는 임대인과 임차인이 따로 약속한 부분을 특약 사항에 적는다. 합의 내용 중 빠진 것이 없는지, 나에게 불리한 내용이 없는지 꼭 확인한다. 부동산 사장님과 상대쪽만 알고 자신은 모르는 내용이 있을 수도 있다. 구두로 합의한 내용이라도 특약 사항에 기재하는 것이 좋다. 나중에 그런 이야기가 없었다고 말을 바꿀 수 있다.

만약 매수자가 매수와 동시에 집을 전세로 내놓을 경우는 날짜를 여유 있게 잡고 이렇게 기록해야 여유롭게 전세를 구할 수 있다.

'전세가 들어오는 날짜에 맞춰 잔금 날짜를 맞춘다.'

전세 세입자에게 집을 잘 보여 달라고 요청하며 특약 사항에도 적어야 한다. 집을 잘 보여 주기로 약속하고 잔금 날짜를 길게 잡았다가 그 사이 가격이 올라 매도인이 집을 안 보여 주며 심술을 부리기도 한다. 매도자에게 인지시키기 위해서는 구두보다는 특약 사항에 모든 내용을 적는 것이 좋다. 매도자에게 부탁할 때는 당연히 정중하고 예의 바르게 행동해야 한다.

앞서 이야기했듯이 보통 계약서를 쓸 때 계약금 10%를 입금한다. 하지만 계약서를 쓰는 당일, 매수인이 계약금 10%를 다 준비하지 못해서 계약서를 먼저 쓰고 1주일이나 2주일 뒤에 10%를 주기로 약속할 수도 있다. 이때도 문제가 생길 수 있다.

매도자가 괜찮다며 가계약금만 주고받은 상태에서 계약서를 썼는데 계약서를 쓰고 계약금 10%를 입금하는 사이 가격이 몇천만 원 오르기도 한다. 이때 매도자는 가계약금에 대한 2배를 돌려주고 계약을 해지하려 할 수 있다. 그러므로 가계약금만 주고 계약서를 쓸 때는 특약 사항에 기재하는 것이 좋다.

'가계약금이 아닌 계약금 10%의 2배를 줘야 계약을 해지할 수 있다.'

임대차 계약서를 쓸 때는 임차인이 애완동물을 키우는지 꼭 물어본다. 애완동물로 인해 집에 냄새가 배거나 벽지나 문이 훼손되는 경우가 있다. 애완동물을 키운다고 하면 특약 사항에 쓴다.

'애완동물로 인한 집의 파손 부분은 변상한다.'

애완동물을 안 키운다고 하고 몰래 키우는 사람들이 있으므로 특약 사항에 쓰는 것이 좋다.

'애완동물을 몰래 키울 때는 계약을 파기할 수 있다.'

애완동물을 키우는 것이 절대 나쁘다는 것이 아니다. 몰래 키우고 집을 심하게 파손하는 사람들이 종종 있기 때문에 주의하는 것이다.

전세를 준다면 2~4년 동안 신경 쓸 일이 없고 2~4년 뒤에 집 상태만 괜찮다면 돈을 다시 내주면 된다. 월세는 매달 정해진 날에 돈이 들어오지 않으면 신경이 쓰인다. 월세 계약을 할 때는 항목을 추가한다.

'월세를 2~3개월 연체 시 계약을 해지할 수 있다.'
'월세 당일 입금이 되지 않을 시 이자를 몇 % 임대인에게 지급한다.'

그럼 임차인이 월세를 계속 미룰 수는 없을 것이다. 물론 당일 바로 입금이 되지 않았다고 이자를 포함해 받으려고 하지 말자. 계약서에 언급된 내용을 문자로 보내면 대부분 월세를 입금해 준다.

임차인은 이사하기 전에 집의 상태를 확인해야 한다. 문이 잘 닫히지 않는다거나 방충망이 문제가 있는지 등 자세히 살펴봐야 한다. 그리고 집주인이 어디까지 수리해 줄 수 있는지 임대인과 상의해야 한다.

수리가 안 된 상태에서 살게 된다면 이사 오기 전부터 파손이 돼 있었다고 사진을 찍어 임대인과 부동산에 증거물을 남겨야 한다. 처음에 언급하지 않으면 나중에 이사 나갈 때 임차인이 파손했다고 생각해 임대인과 마찰이 일어날 수 있다. 그리고 억울하게 임차인이 하지 않은 파손을 물어내야 할 수도 있다.

마지막으로 계약일에 계약 날짜가 맞는지 확인한다. 그리고 매도인과 매수인, 임차인과 임대인, 중개업자 정보를 적는다. 이때 등기부 등본상의 이름과 주민 등록 번호가 맞는지 확인한다. 매도인과 매수인, 임차인과 임대인의 주소와 전화번호도 정확한지 확인한다. 나중에 임차인과 임대인이 집에 문제가 생겨 서로 연락할 일도 있다. 그리고 자필로 이름을 쓰고 도장을 찍는다. 요즘에는 간인을 생략하기도 한다.

중개 대상물 확인. 설명서를 확인한다

중개 대상물 확인. 설명서는 토지나 건물의 소재지, 면적, 지목(대지), 면적, 구조, 용도, 건축년도 등 부동산 물건에 대한 자세한 정보와 내용이 적혀 있다. 입지 조건으로 대중교통, 주차장, 교육 시설, 판매 및 의료 시설 등 생활 편의 시설과 기반 시설에 대한 내용도 있다. 내부와 외부의 시설물 상태를 적고 중개 보수란에 금액을 확인한다. 마지막으로 계약서와 똑같이 이름, 주소, 전화번호를 확인하고 서명 및 날인한다.

이렇게 같은 계약서를 총 3부 작성한다. 그리고 매도자용, 매수자용, 공인 중개사용으로 하나씩 가진다. 공인 중개사가 2군데인 경우는 4개를 작성할 수 있다. 임대차 계약서도 임대인용, 임차인용, 공인 중개사용으로 총 3부를 작성해 가진다. 매매 계약서와 임대차 계약서는 모르는 사람들이 만나 서로 약속한 것을 서류로 증거를 남기는 것이다. 아파트는 큰돈을 거래하기 때문에 계약서에 신중을 기해야 한다. 물론 부동산에서도 꼼꼼하게 잘 해 주지만 부동산 중개업자도 사람이기 때문에 실수할 수 있고 이야기 했던 내용을 잊어버릴 수 있다. 내 돈은 내가 지켜야 하기 때문에 내가 잘 살펴야 한다.

부동산 매매 계약서

본 부동산에 대하여 매도인과 매수인은 합의에 의하여 다음과 같이 매매계약을 체결한다.

1. 부동산의 표시

소 재 지							
토 지	지 목		대지권비율	분의	면 적		m²
건 물	구 조		용 도		면 적		m²

2. 계약 내용

제1조 위 부동산의 매매에 있어 매수인은 매매대금을 아래와 같이 지불하기로 한다.

매매대금	金 ₩	
계 약 금	金 ₩	은 계약시에 지불하고 영수함. 영수자( )(인)
잔 금	金 ₩	은 년 월 일에 지불하기로 함.

제2조 매도인은 매수인으로부터 매매대금의 잔금을 수령함과 동시에 매수인에게 소유권 이전등기에 필요한 모든 서류를 교부하고 이전등기에 협력하며, 위 부동산의 인도는 년 월 일자로 한다.

제3조 매도인은 위 부동산에 설정된 저당권, 지상권, 전세권 등 소유권의 행사를 제한하는 사유가 있거나, 제세공과금과 모든 부담금 등을 잔금 수수일까지 그 권리의 하자 및 부담 등을 제거하여 완전한 소유권을 매수인에게 이전한다. 다만, 승계하기로 합의하는 권리 및 부담금 등은 그러하지 아니한다.

제4조 위 부동산에 관하여 발생한 수익과 제세공과금 등의 부담금은 위 부동산의 잔금일을 기준으로 하되 그 전일까지의 것은 매도인에게, 그날부터의 것은 매수인에게 각각 귀속한다. 다만, 지방세의 납부책임은 지방세법의 납세의무자로 한다.

제5조 매수인이 매도인에게 중도금(중도금이 없을 때에는 잔금)을 지불하기 전까지 매도인은 계약금의 배액을 상환하고, 매수인은 계약금을 포기하고 이 계약을 해제할 수 있다.

제6조 매도인 또는 매수인이 본 계약상의 내용에 대하여 불이행이 있을 경우 그 상대방은 불이행을 한 자에 대하여 서면으로 최고하고 계약을 해제할 수 있다. 그리고 계약 당사자는 계약해제에 따른 손해배상을 각각 상대방에게 청구할 수 있으며, 손해배상에 대하여 별도의 약정이 없는 한 계약금을 손해배상의 기준으로 본다.

제7조 개업공인중개사는 계약 당사자간 본 계약불이행에 대해서는 일체 책임을 지지 않는다. 또한 중개보수는 본 계약의 체결과 동시에 계약당사자 쌍방이 각각 지불하며, 개업공인중개사의 고의나 과실없이 본 계약이 무효, 취소 또는 해제되어도 중개보수는 지급한다. 공동중개인 경우 자신이 중개 의뢰한 개업공인중개사에게 중개보수를 지급한다.

제8조 매도인 또는 매수인이 본 계약 이외의 업무를 의뢰한 경우 이에 관한 보수는 중개보수와 별도로 지급하며 그 금액은 합의에 의한다. 개업공인중개사는 중개대상물확인설명서를 작성하고 업무보증관계증서(공제증서 등) 사본을 첨부하여 계약체결과 동시에 거래당사자에게 교부한다.

[특약사항]

본 계약을 증명하기 위하여 계약 당사자가 이의 없음을 확인하고 각자 서명·날인한다. 2020년 월 일

매도인	주 소					印
	주민등록번호		전화		성명	
매수인	주 소					印
	주민등록번호		전화		성명	

부동산 매매 계약서

제2조 **(소유권 이전 등)** 매도인은 매매대금의 잔금 수령과 동시에 매수인에게 소유권이전등기에 필요한 모든 서류를 교부하고 등기 절차에 협력하며, 위 부동산의 인도일은 ＿＿년 ＿＿월 ＿＿일로 한다.

제3조 **(제한물권 등의 소멸)** 매도인은 위의 부동산에 설정된 저당권, 지상권, 임차권 등 소유권의 행사를 제한하는 사유가 있거나, 조세공과 기타 부담금의 미납금 등이 있을 때에는 잔금 수수일까지 그 권리의 하자 및 부담 등을 제거하여 완전한 소유권을 매수인에게 이전한다. 다만, 승계하기로 합의하는 권리 및 금액은 그러하지 아니하다.

제4조 **(지방세 등)** 위 부동산에 관하여 발생한 수익의 귀속과 제세공과금 등의 부담은 위 부동산의 인도일을 기준으로 하되, 지방세의 납부의무 및 납부책임은 지방세법의 규정에 의한다.

제5조 **(계약의 해제)** 매수인이 매도인에게 중도금(중도금이 없을 때에는 잔금)을 지불하기 전까지 매도인은 계약금의 배액을 상환하고, 매수인은 계약금을 포기하고 본 계약을 해제할 수 있다.

제6조 **(채무불이행과 손해배상)** 매도자 또는 매수자가 본 계약상의 내용에 대하여 불이행이 있을 경우 그 상대방은 불이행한자에 대하여 서면으로 최고하고 계약을 해제할 수 있다. 그리고 계약당사자는 계약해제에 따른 손해보상을 각각 상대방에게 청구할 수 있으며, 손해배상에 대하여 별도의 약정이 없는 한 계약금을 손해배상의 기준으로 본다.

특약사항 ＿＿＿＿＿＿＿＿＿＿＿＿＿＿＿＿＿＿＿＿＿＿＿＿＿＿＿＿＿＿＿＿

＿＿＿＿＿＿＿＿＿＿＿＿＿＿＿＿＿＿＿＿＿＿＿＿＿＿＿＿＿＿＿＿＿＿＿＿

＿＿＿＿＿＿＿＿＿＿＿＿＿＿＿＿＿＿＿＿＿＿＿＿＿＿＿＿＿＿＿＿＿＿＿＿

＿＿＿＿＿＿＿＿＿＿＿＿＿＿＿＿＿＿＿＿＿＿＿＿＿＿＿＿＿＿＿＿＿＿＿＿

부동산 매매 계약서 조항

중개대상물 확인·설명서[I] (주거용 건축물)

(□단독주택 □공동주택 ☑매매·교환 □임대)

확인·설명 자료	확인·설명 근거자료 등	□등기권리증 □등기사항증명서 □토지대장 □건축물대장 □지적도 □임야도 □토지이용계획확인서 □그 밖의 자료( )
	대상물건의 상태에 관한 자료요구 사항	

유 의 사 항

개업공인중개사의 확인·설명 의무	개업공인중개사는 중개대상물에 관한 권리를 취득하려는 중개의뢰인에게 성실·정확하게 설명하고, 토지대장등본·등기사항증명서 등 설명의 근거자료를 제시하여야 합니다.
실제거래가격 신고	「부동산 거래신고 등에 관한 법률」제3조 및 같은 법 시행령 제3조제1항제5호에 따른 실제 거래가격은 매수인이 매수한 부동산을 양도하는 경우 「소득세법」제97조제1항 및 제7항과 같은 법 시행령 제163조제11항제2호에 따라 취득 당시의 실제 거래가액으로 보아 양도차익이 계산될 수 있음을 유의하시기 바랍니다.

I. 개업공인중개사 기본 확인사항

①대상물건 의 표시	토 지	소 재 지			
		면 적(㎡)	지 목	공부상 지목	
				실제이용 상태	
	건축물	전용면적(㎡)		대지지분(㎡)	
		준공년도 (증개축년도)	용 도	건축물대장상 용도	
				실제용도	
		구 조	방 향	(기준:)	
		내진설계 적용여부	내진능력		
		건축물대장상 위반건축물여부	□위반 ☑적법	위반내용	

②권리관계	등기부 기재사항	소유권에 관한 사항		소유권 외의 권리사항	
		토지		토지	
		건축물 上同		건축물 上同	
	민간임대 등록여부	□장기일반민간임대주택 □공공지원민간임대주택 □단기민간임대주택 □해당 사항 없음			

③토지이용 계획 공법상이용 제한 및 거래규제에 관한 사항 (토지)	지역·지구	용도지역		건폐율 상한	용적률 상한
		용도지구			
		용도구역			
	도시·군계획 시설		허가·신고 구역여부	□토지거래허가구역	
			투기지역여부	□토지투기지역 □주택투기지역 □투기과열지구	
	지구단위계획구역, 그 밖의 도시·군관리계획		그 밖의 이용제한 및 거래규제사항		

중계 대상물 확인·설명서(주거용 건축물)

		도로와의 관계	(ㅁ X ㅁ)도로에 접함 □포장 □비포장	접근성	☑용이함	□불편함
④입지조건	대중교통	버스	( )정류장, 소요시간:(□도보, □차량) 약			분
		지하철	( )역 , 소요시간:(□도보, □차량) 약			분
	주차장		□없음 □전용주차시설 ☑공동주차시설 □그 밖의 주차시설 ( )			
	교육시설	초등학교	( )학교, 소요시간 :(□도보, □차량) 약			분
		중학교	( )학교, 소요시간 :(□도보, □차량) 약			분
		고등학교	( )학교, 소요시간 :(□도보, □차량) 약			분
	판매 및 의료시설	백화점 및 할인매장	( ), 소요시간 :(□도보, □차량) 약			분
		종합의료시설	( ), 소요시간 :(□도보, □차량) 약			분

⑤관리에 관한사항	경비실	☑있음 □없음	관리주체 □위탁관리 ☑자체관리 □그 밖의 유형

⑥비선호시설(1km이내)	☑없음 □있음 (종류 및 위치:)

⑦ 거래예정금액 등	거래예정금액	
	개별공시지가(㎡당)	건물(주택)공시가격

⑧취득시 부담할 조세의 종류 및 세율	취득세	농어촌특별세	지방교육세
	※재산세는 6월 1일 기준 대상물건 소유자가 납세의무를 부담		

Ⅱ. 개업공인중개사 세부 확인사항

⑨ 실제권리관계 또는 공시되지 않은 물건의 권리 사항

	수 도	파손여부	☑없음 □있음 (위치:)
		용수량	☑정상 □부족함 (위치:)
	전 기	공급상태	☑정상 □교체요함 (교체할 부분:)
	가스(취사용)	공급방식	☑도시가스 □그 밖의 방식 ( )
⑩내부·외부 시설물의 상태 (건축물)	소 방	단독경보 형감지기	□없음 ☑있음 (수량:) ※「화재예방, 소방시설 설치·유지 및 안전관리에 관한 법률」 제8조 및 같은 법 시행령 제13조에 따른 주택용 소방시설로서 아파트(주택으로 사용하는 층수가 5개 층 이상인 주택을 말한다)를 제외한 주택의 경우만 작성합니다.
	난방방식 및 연료공급	공급방식	□중앙공급식 ☑개별공급 시설작동 ☑정상 □수선필요 ( )
		종 류	☑도시가스 □기름 □프로판가스 □연탄 □그 밖의 종류( )
	승강기		☑있음 (☑양호 □불량) □없음
	배 수		☑정상 □수선필요 ( )
	그 밖의 시설물		

나는 남편에게 아파트를 선물했다

⑪벽면 및 도배상태	벽 면	균 열	☑있음	☐있음 (위치:)			
		누 수	☑없음	☐있음 (위치:)			
	도 배	☐깨끗함	☑보통임	☐도배필요			
⑫환경조건	일조량	☐풍부함	☑보통임	☐불충분 (이유:)			
	소 음	☐아이함	☑보통임	☐심한편임	진 동	☐아이함	☑보통임	☐심한편임

III. 중개보수 등에 관한 사항

⑬중개보수 및 실비의 금액과 산출내역	중 개 보 수		【산출내역】 중개보수 : 거래금액 X 중개보수 요율
	실 비		실 비 :
	계		※ 중개보수는 시·도 조례로 정한 요율에 따르거나, 시·도 조례로 정한 요율한도에서 중개의뢰인과 개업공인중개사가 서로 협의하여 결정하도록 한 요율에 따르며 부가가치세는 별도로 부과될 수 있습니다.
	지 급 시 기		

「공인중개사법」 제25조 제3항 및 제30조제5항에 따라 거래당사자는 개업공인중개사로부터 위 중개대상물에 관한 확인·설명 및 손해배상책임의 보장에 관한 설명을 듣고, 같은 법 시행령 제21조제3항에 따른 본 확인·설명서와 같은 법 시행령 제24조제2항에 따른 손해배상책임 보장 증명서류(사본 또는 전자문서)를 수령합니다.

2020년   월   일

매 도 인 (임대인)	주 소		성 명	서명또는날인
	생 년 월 일		전 화 번 호	
매 수 인 (임차인)	주 소		성 명	서명또는날인
	생 년 월 일		전 화 번 호	
개업 공인중개사	등 록 번 호		성명(대표자)	서명 및 날인
	사무소 명칭		소속공인중개사	서명 및 날인
	사무소 소재지		전 화 번 호	
개업 공인중개사	등 록 번 호		성명(대표자)	서명 및 날인
	사무소 명칭		소속공인중개사	서명 및 날인
	사무소 소재지		전 화 번 호	

아파트 투자 할 때
알아야 하는 세금의 모든 것

무주택자들에게 왜 주택을 사지 않느냐고 물어보면, 가장 큰 이유는 '집값이 떨어질까 봐 못 산다'고 한다. 두 번째 이유는 '세금이 많이 나올까 봐 걱정돼서 못 산다'고 한다. 반대로 다주택자들에게 왜 집을 팔지 않는지 물어보면 '가격이 더 오를 것 같아서 못 판다'고 한다. 팔고 싶어도 '세금을 많이 내야 돼서 못 판다'고 한다.

세금 때문에 부동산을 사지도 못하고 팔지도 못하는 것이다. 그만큼 아파트 투자에서 세금이란 이러지도 저러지도 못하게 하는 존재다. 그만큼 부동산을 사고팔 때 세금은 중요한 역할을 한다는 뜻이기도 하다.

세금을 무서워할 필요는 없다. 미리 세금 공부를 하고 투자를 준비한다면 세금에 대한 두려움은 없어질 것이다. 부동산은 취득, 보유, 양도할 때 모든 단계에서 세금을 낸다. 집을 살 때 취득세, 집을 보유할 때 재산세 및 종합 부동산세, 집을 팔 때 양도세로 나뉜다. 아파트 투자에서는 이렇게 사고 보유하고 파는 과정이 모두 세금과 연결돼 있기 때문에 세금을 제외한 나머지가 진짜 수익이라고 볼 수 있다. 세금은 부동산 대책에 따라 계속 바뀔 수 있다. 이 책에서는 7.10부동산 대책에 따른 개정을 확인하자. 개정 시기는 미정이다.

취득세

부동산을 취득할 때 내는 세금이다. 농어촌 특별세와 지방 교육세가 함께 부과된다. 취득세는 7.10 부동산 대책 이후 부동산의 취득 금액과 주택 수, 지역에 따라 1.1~12%까지 달라진다. 오피스텔의 경우도 가격이 상관없이 취득세율이 4.6%다.

취득세는 '위택스' 및 포털 사이트 '부동산 취득세 계산기'에서 매매가를 입력하면 자동으로 계산된다. 부동산을 구매하기 전에 취득세를 계산하여 자금을 준비하는 것이 좋다.

현재		
개인	1주택	주택가액에 따라 1~3%
	2주택	
	3주택	
	4주택 이상	4%
법인		주택 가액에 따라 1~3%

개정		
개인	1주택	주택가액에 따라 1~3%
	2주택	8%
	3주택	
	4주택 이상	12%
	법인	

취득세율 인상(안)(7.10 주택 시장안전보완대책, 국토교통부)

주택가액이란, 주택을 사고팔 때 발생하는 모든 비용을 말한다.

재산세

부동산을 구입하고 보유하는 동안 내는 세금이다. 부동산을 보유하는 사람에게 지방 자치 단체가 부과하는 지방세로, 보유세라고도 한다. 재산세는 6월 1일 기준으로 부과된다. 그래서 아파트를 매도할 계획이 있다면 6월 1일 이전에 매도하는 것이 좋다. 계약서를 6월 1일 이전에 쓰는 것은 소용이 없다. 잔금일과 등기 접수일 중 빠른 날짜를 기준으로 부과된다. 6월 1일 이전에는 매수자, 이후에는 매도자가 재산세를 부담한다. 납부 기간은 1년에 2번, 주택분은 7월, 토지분은 9월에 부과된다. 재산세는 '부동산 114'의 부동산 계산기로 확인할 수 있다.

종합 부동산세

토지나 건물을 소유한 사람에게 일정한 금액 이상에 대한 별도의 누진세율을 적용하는데 이를 종합 부동산세, 줄여서 종부세라고 한다. 재산세는 부동산을 보유한 모든 사람이 납부해야 하지만 종합 부동산세는 주택 공시 가격 합계가 6억 원이 넘어야 과세가 된다. 단, 1주택 1세대는 9억 원이 넘어야 한다. 공시 가격은 '부동산 공시 가격 알리미'에서 확인할 수 있다.

시가 (다주택자 기준)	과표	2주택 이하 (조정 대상 지역 2주택 제외, %)		3주택 이상 +조정 대상 지역 2주택(%)		
		현행	12.16	현행	12.16	개정
8~12.2억 원	3억 원 이하	0.5	0.6	0.6	0.8	1.2
12.2~15.4억 원	3~6억 원	0.7	0.8	0.9	1.2	1.6
15.4~23.3억 원	6~12억 원	1.0	1.2	1.3	1.6	2.2
23.3~69억 원	12~50억 원	1.4	1.6	1.8	2.0	3.6
69~123.5억 원	50~94억 원	2.0	2.2	2.5	3.0	5.0
123.5억 원 초과	94억 원 초과	2.7	3.0	3.2	4.0	6.0

종부세 세율 인상(안)(7.10 주택 시장안전보완대책, 국토교통부)

종합 부동산세는 재산세와 마찬가지로 매년 6월 1일이 과세 기준일이다. 납부 기한은 12월 1일~12월 15일이다. 과세 대상 부동산 명세는 홈택스에서 확인할 수 있다. 홈택스를 통해 전자 납부하거나 스마트폰

홈텍스 애플리케이션으로도 납부가 가능하다.

세금은 일시불로 납부해야 하는데 종합 부동산세는 분할 납부도 가능하다. 단, 분할 납부는 세액이 250만 원을 초과하는 경우에만 납부 기간으로부터 6개월까지 가능하다. 만약 250만 원 초과~500만 원 이하일 경우는 250만 원을 초과한 금액만 분할 납부가 가능하다. 500만 원을 초과하는 경우는 납부할 세액의 100분의 50 이하의 금액을 분할 납부할 수 있다.

양도 소득세

양도 소득세는 줄여서 양도세라고도 한다. 부동산을 팔 때 양도 차익이 생기면 부과되는 세금이다. 아파트 투자를 할 때 가장 중요하다.

3억 원인 집을 사서 3억 원에 팔았다면 양도 차익이 없어 양도 소득세를 내지 않아도 된다. 3억 원 집을 사서 4억 원에 팔았다면 1억 원의 양도 차익이 생긴다.

양도 차익이 같은 1억 원이라도 집을 보유한 시기와 개인의 재산 상황에 따라 세율이 달라진다. 가진 부동산이 아파트 1채라면 크게 신경 쓰지 않아도 된다. 1가구 1주택일 경우는 2년 이상 거주하면 양도세를 면제받을 수 있기 때문이다.

양도 소득세는 세금 중에서도 가장 어렵고 복잡하다. 취득세와 재산세는 금액에 따라 세율이 정해져 있지만 양도 소득세는 시기, 지역, 주택 수에 따라 모두 다르기 때문이다. 부동산을 매도할 때는 반드시 양도 세율을 확인하여 세금의 금액을 보고 매도 가격과 시기를 결정해야 한 다. 양도세율에 가장 큰 영향을 미치는 것은 보유 기간이다.

보유 기간이 2년 이상 넘었다면 세대당 주택 수에 따라 세율이 달라 지는 것을 확인할 수 있다. 조정 대상 지역이 아니라면 기본 세율을 적 용해 양도 소득세를 내면 된다.

조정 지역 내 주택을 매도한다면 양도 차익에서 2주택 이상은 10%, 3 주택 이상은 20%를 더해야 한다. 7.10 부동산 대책으로 기본세율(6~42%) +10%p(2주택) 또는 20%p(3주택 이상)에서 20%p(2주택) 또는 30%p(3주택 이상)가 됐다. 이는 2021년 6월 1일부터 시행된다. 조정 대상 지역은 계 속 바뀔 수 있으니 매도할 때마다 본인이 보유한 주택이 조정 대상 지역 인지 아닌지 미리 확인해야 한다.

구분		현행			12.16 대책		개선	
		주택 외 부동산	주택. 입주권	분양권	주택. 입주권	주택. 입주권	분양권	
보유 기간	1년 미만	50%	40%	(조정 대상 지역) 50%, (기타 지역) 기본세율	50%	70%	70%	
	2년 미만	40%	기본세율		40%	60%	60%	
	2년 이상	기본세율	기본세율		기본세율	기본세율		

양도 소득세 세율 인상(안)(7.10 주택 시장안전보완대책 국토교통부)

구분	과세 표준	세율			누진 공제
		기본	18.4.1부터 조정 지역 내		
			2주택	3주택	
2년 이상 보유(1년 이상 보유한 조합원 입주권)	1,200만 원 이하	6%	16%	26%	-
	1,200만 원 초과~4,600만 원 이하	15%	25%	35%	108만 원
	4,600만 원 초과~8,800만 원 이하	24%	34%	44%	522만 원
	8,800만 원 초과~15,000만 원 이하	35%	45%	55%	1,490만 원
	15,000만 원 초과~3억 원 이하	38%	48%	58%	1.940만 원
	3억 원 초과~5억 원 이하	40%	50%	60%	2,540만 원
	5억 원 초과	42%	52%	62%	3,540만 원
1년 미만 보유	주택, 조합원 입주권 50%, 토지 50%				
2년 미만 보유	주택, 조합원 입주권 40%, 토지 40%				
2년 이상 보유	주택, 조합원 입주권 토지 6~42%				
미등기 양도	70%				

(출처: 국세청, 양도 소득세 세율 변동 연혁표)

절세하는
방법

아파트 투자가 취득, 보유, 양도까지 모두 세금과 연결돼 있음을 살펴
봤다. 3억 원에 매수한 아파트가 4억 원으로 오르면 사람들은 1억 원을
벌어서 좋겠다고 하지만 보유 기간이 1년 미만이면 양도세만 5,000만
원을 내야 한다. 1억 원이 올랐다고 해도 나는 5,000만 원의 수익만 가
질 수 있다.

양도세는 주택 가격이 올라 양도 차익이 날 때만 내기 때문에 수익이
났으므로 세금 정도는 당연히 낼 수 있다고 생각할 수 있다. 알면 적게
내도 될 세금을 몰라서 내지 않아도 될 세금까지 낼 필요는 없다. 그렇다
면 절세할 수 있는 여러 가지 방법을 알아보자.

'필요 경비'를 챙겨 둔다

필요 경비란 주택을 매수하는 과정에서 사용한 비용 중 정해진 법에 인정받는 전체 경비를 말한다. 양도 소득세를 신고할 때는 취득세, 장기 보유 특별 공제, 기본 공제, 양도세율은 정해져 있지만 필요 경비는 내가 증빙하는 만큼 혜택을 받을 수 있다. 먼저 양도 소득세의 계산 과정을 보면 이해가 쉬울 것이다.

1단계: 양도 가액-취득가액-필요 경비=양도 차익

2단계: 양도 차익-(장기 보유 특별 공제액)-기본 공제(250만 원)=과세 표준

3단계: 과세 표준×세율-누진 공제액=양도세

* **장기 보유 특별 공제**: 주택을 3년 이상 보유한 경우 일정 비율만큼 공제(보유 기간, 거주 기간, 지역에 따라 공제율은 달라짐)

* **기본 공제**: 부동산 매도 시 1인당 1년에 1번 250만 원 공제

A 아파트와 B 아파트에 대한 양도 소득세를 표로 정리했다. A 아파트와 B 아파트의 취득가액은 똑같다. 취득 금액이 같기 때문이다. 두 아파트의 필요 경비는 주택마다 다르고 증빙하는 만큼 달라진다. A 아파트와 B 아파트는 필요 경비가 1,000만 원 차이 나면서 양도 차익과 과세 표준에서 차이가 난다. 세율은 과세 표준 금액에 따라 달라진다.

표를 보면 과세 표준에 따른 양도세율과 누진 공제 금액이 나와 있다. B 아파트는 필요 경비로 A 아파트에 비해 267만 원의 절세 혜택을 본

것이다. 필요 경비의 비용 관련 자료, 영수증, 세금 계산서, 현금 영수증 등은 파일을 만들어 따로 보관하는 것이 좋다.

	아파트 A	아파트 B
양도 가액	4억 원	4억 원
- 취득 가액	3억 원	3억 원
- 필요 경비	700만 원	1,700만 원
= 양도 차익	9,300만 원	8,300만 원
- 장기 보유 특별 공제액	0원(3년 미만)	0원(3년 미만)
- 기본 공제	250만 원	250만 원
= 과세 표준	9,050만 원	8,050만 원
× 세율	35%	24%
- 누진 공제	1,490만 원	522만 원
= 세금	1,677만 원	1,410만 원

양도 소득세 계산 과정

필요 경비와 자본적 지출액에서 인정 항목을 서류로 제출하면 된다.

필요 경비 인정	필요 경비 제외
취득세 및 등록세	금융 기관 이자
법무사 비용	임차인 이사 비용
중개 수수료(취득, 양도)	매매 계약 해약으로 인한 위약금
양도 소득세 신고 대행 수수료	낙찰자가 전 소유자 대신 지급한 관리비
공증비용, 인지대	전월세 중개 수수료

자본적 지출액 인정	자본적 지출액 제외
발코니 개조 비용, 바닥 시공비	도배, 장판비
보일러, 샷시 교체 비용	욕실 타일 및 변기 교체
상하수도 배관 교체 공사	싱크대 및 주방 가구 교체
냉난방 장치 설치 (보일러, 에어컨 설치)	외벽 도색
엘리베이터 설치	페인트, 방수 공사비
전기 공사 및 도시가스 공사	하수도관 교체비
	유리 및 기와 교체
	조명 교체

공동 명의로 매수한다

공동 명의를 이용하면 종합 부동산세와 양도 소득세를 줄일 수 있다. 왜 많은 부부가 함께 계약하러 가면서도 공동 명의를 하지 않을까? 취득할 때 절세 혜택이 없기 때문에 공동 명의에 대한 인식을 못한다. 절세 혜택이 없는 취득세만 생각하기 때문이다. 공동 명의는 꼭 부부가 아니어도 다른 가족, 친척, 친구 등 누구와도 가능하다.

주택을 매도해 1억 원의 양도 차익이 발생했다고 해 보자. 1인 명의라면 과세 표준 구간에 따른 세율이 35%이다. 공동 명의일 때는 1인당 양도 차익이 5,000만 원으로 분배된다. 그래서 24% 세율만 내면 된다. 기본 공제 250만 원의 혜택은 1인당 1년에 1번씩 받을 수 있다. 1인 명의에서는 250만 원을 1번 공제받을 수 있지만 공동 명의라면 각각 250만 원씩 공제 받을 수 있다. 총 500만 원의 기본 공제를 받는 것이다.

지금이라도 집의 명의를 공동으로 바꿔야겠다고 생각할 수 있다. 시세가 4억 원인 아내 명의로 된 주택을 공동 명의로 바꾸면 남편에게 2억 원을 증여하는 것이다. 부부 간에는 10년 이내 6억 원까지는 증여세에 세금을 매기지 않는다. 하지만 명의를 이전하면 남편이 주택을 취득하는 것으로 취득세가 발생한다. 일반 주택의 취득세는 1.1~3.5%이지만 증여로 인한 취득세는 4%다. 남편이 2억 원의 아파트를 증여받으면 약 800만 원의 취득세를 내야 한다. 따라서 공동 명의를 하고자 한다면 주택을 취득할 때 결정하는 것이 좋다.

팔아야 할 아파트,
팔지 말아야 할 아파트

아파트 투자를 할 때 초보자들이 가장 많이 하는 실수는 '이 아파트가 가격이 저렴하다, 급매다, 저평가인 것 같다'면서 매수에만 집중하는 것이다. 그래서 매수하려는 아파트의 값에만 치중한다. 하지만 아파트 투자에서 매수보다 중요한 것은 매도다. 아무리 저렴한 가격에 아파트를 매수해도 나중에 살 사람이 없으면 저렴하게 샀다고 할 수 있을까? 내가 산 가격보다 비싸게 사 줄 매도자가 있어야 한다.

매수는 내가 자금만 있다면 원하는 대로 할 수 있다. 하지만 매도는 그렇지 않다. 사람들은 팔아야 할 아파트를 매도하지 않고, 팔지 말아야 할 아파트를 매도하는 실수를 한다. 그렇다면 어떤 아파트를 매도해야 할까?

싸다고만 해서 산 아파트다

좋은 게 좋아 보인다고, 살 때는 그 아파트 가격이 많이 오를 것 같고 수익이 얼마나 될 것 같은지 즐거운 상상에 빠진다. 그런데 아파트의 가치는 왜 사고 나서야 보일까? 첫 달은 잘 모르다가 2개월, 3개월이 지나면 내가 산 아파트의 단점이 보이기 시작한다. 가격이 오를 것 같지 않은 아파트를 샀다면 빨리 매도해야 한다.

누구나 손해를 보기 싫어한다. 기대가 큰 투자일수록 더더욱 그렇다. 하지만 아니다 싶을 때는 조금 손해를 보더라도 빨리 매도하는 것이 좋다. 두 달 정도면 시세가 그대로이거나 많이 떨어질 가능성은 적다. 그래서 두 달 전에 샀던 아파트의 가격은 그대로인데 취득세와 중개비가 아까워 팔지 못한다. 이 비용이 아까워 팔지 못했다가 더 큰 금액을 손해 볼 수도 있으니 빨리 매도하는 것이 맞다. 그리고 더 좋은 아파트를 매수하면 된다.

더 좋은 투자처를 발견하면 매도한다

예를 들어 한 달 전 A 아파트가 좋은 것 같아 매수했다. 그런데 한 달 뒤 수익률도 더 좋고 가격도 더 오를 것 같은 B 아파트를 발견했다. '한 달 전에 알았으면 좋았을걸' 하고 아쉽기만 하다.

B 아파트가 A 아파트보다 투자 가치가 훨씬 좋겠다는 확신이 들면 갈

아탈 수 있다. A 아파트를 사고파는 비용과 세금의 부담이 있지만 B 아파트를 투자해서 나중에 보상받을 수 있다면 A 아파트를 빨리 매도하는 것이 맞다. 단, 좋은 투자처가 계속 나온다고 매도와 매수를 자주 반복하면 세금만 내고 수익은 없으니 매수할 때부터 신중하게 판단해야 한다.

그렇다면 매도하지 말아야 할 아파트는 무엇일까?

몇 년 동안 다른 아파트보다 가격이 안 오른 아파트

더 이상 안 오를 것이라고 생각하기 때문이다. 물론 10년 동안 오르지 않은 이유가 있을 것이다. 하지만 그 지역에 새로 지하철이 생긴다거나 기업이 들어온다는 호재가 있다면 매도하지 말아야 한다. 10년 동안 안 올랐으니 계속 안 오를 것이라는 생각은 하지 않아야 한다. 뒤늦게 갑자기 오르는 경우도 있다. 이점을 간과해서 이런 말이 나오는 것이다.

'내가 사면 안 오르고 내가 팔면 오른다.'

사고 얼마 안 돼 가격이 급등한 아파트

본인이 산 아파트 가격이 갑자기 급등하면 이제 가격이 떨어지거나 안 오를 것 같은 느낌이 든다. 그래서 올랐을 때 빨리 팔아야겠다고 생각한다. 하지만 더 오를 만한 호재나 가치가 있다면 아파트의 가격은 더

오를 수 있다. 가격이 갑자기 올랐다는 이유만으로 매도를 한다는 것은
음식을 먹다 마는 것과 같다.

매수자 입장에서
매도자와 협상하기

매수는 타이밍도 중요하지만 협상을 잘해야 한다. 아파트 거래를 일반 물건처럼 사고판다고 생각하면 안 된다. 아파트를 사고파는 건 맞지만 그 아파트의 가격은 사람이 정하는 것이다. 우리는 시장에서 콩나물값 깎으려고 온갖 흥정을 한다. 하물며 큰 금액을 주고 사는 아파트의 가격을 그냥 깎을 수는 없다. 아파트값을 깎는다면 몇백만 원, 많게는 몇천만 원을 깎을 수도 있다.

그렇다면 어떻게 매도자의 마음을 움직여 내가 살 집의 가격을 협상할 수 있을까?

반반의 법칙

예를 들어 매도자가 2억 원에 아파트를 내놓았다. 여기서 1,000만 원을 깎아 1억 9,000만 원에 사고 싶다고 하자. 매도자에게 1,000만 원만 더 깎아 줄 수 있는지 물어보지 말고 1억 8,000만 원을 제시한다. 매도자는 안 된다고 할 것이다. 그렇다면 1억 9,000만 원은 어떤지 물어본다. 1억 9,000만 원을 바로 제시했을 때보다 1억 8,000만 원을 제시하고 1억 9,000만 원을 제시했을 때가 협상 가능성이 더 높다. 매도자 입장에서는 1억 8,000만 원이라는 이야기를 들으면 크게 손해 보는 것 같지만 1억 8,000만 원을 듣고 1억 9,000만 원을 들으면 1,000만 원씩 양보한 것 같은 결과가 된다.

동정심을 유발한다

가격을 깎기 위해서는 자존심을 버려야 한다. 너무 사고 싶은데 딱 몇 천만 원이 모자란다고 하거나 결혼해서 첫 집을 마련하려는데 양가에서 도와줄 수 없는 상황이라고 한다. 아이가 학교를 들어가서 정착해야 하는데 자금이 부족하다고 할 수도 있다. 나는 사고 싶은데 남편이 말한 가격이 아니면 절대 안 사겠다고 해서 실랑이하고 있다고 한다.

여러 가지 이유로 매도자로부터 안타까운 마음이 들게 하는 것이다. 단, 동정심을 유발할 때는 매도자가 어떤 성격인지 미리 부동산 사장님을 통해 파악하는 것이 좋다. 그리고 부동산 사장님과 상의 후에 함께 합심해 매도자를 설득해야 효과가 있다.

매수할 집을 보러 갈 때는 무조건 좋은 인상을 남긴다

우리는 어떤 협상에서든 첫 만남, 첫인상이 중요하다. 그러려면 일단 집을 보기로 한 약속을 잘 지켜야 한다. 부동산에 시간을 약속했다면 매도자도 그 약속 시간을 지키기 위해 기다릴 것이다. 그런데 첫 약속부터 늦는다면 좋아할 매도자가 없다.

시간 맞춰 집에 도착했다면 공손히 인사하고 '잠시 집 좀 보겠습니다' 하고 예의 바른 모습을 보여야 한다. 집을 볼 때 붙박이장이나 수납 공간같이 집주인이 보면 불편해할 공간은 꼭 미리 허락받는 것이 좋다.

집을 보는 동안은 표정 관리를 잘 해야 한다. 집이 지저분하거나 냄새가 나더라도 표정에 드러나서는 안 된다.

'좋은 집에 사시네요.'
'집이 깨끗해요.'
'집주인 인상이 좋으십니다.'

집에 대해서도, 매도자에 대해서도 칭찬을 먼저 하는 것이 좋다. 누구에게나 자신이 사는 집에 자신만의 사연과 추억이 깃들어 있다. 그 집에 가서 공손하고 칭찬하는 모습은 그 점을 인정해 주는 것이다. 그러므로 사정이 생겨 매도해야 하는 사람이라면 그 집을 아껴 주고 가치를 알아주는 사람에게 팔고 싶다.

인사한다

집을 나올 때는 인사를 하고 나온다.

'집을 보여 주서서 감사합니다. 시간 내 주서서 감사합니다.'

매도자에게 좋은 인상을 남기고 가격을 조정해 본다. 그런데 이렇게만 해서 가격을 깎을 수 없는 경우도 있다. 그럴 때는 집이 너무 좋다는 인상을 남긴 뒤 '다 좋은데 화장실이랑 싱크대가 오래돼서 고쳐야겠더라고요' 하면서 수리 비용이 들어가니까 깎아 달라고 한다. 또 다른 방법은 '그 집도 너무 좋은데 같은 가격에 수리된 다른 집이 있어서 고민이 되네요'라면서 그 집에 대한 아쉬운 부분을 이야기한다.

집을 보러 가자마자 아쉬운 부분, 마음에 안 드는 부분부터 이야기하면 매도자 입장에서 기분이 좋을 리가 없다. 좋은 인상을 먼저 남기고 집에 대한 아쉬운 부분을 이야기하면서 가격을 협상하는 것이 좋다.

예의 바르고 공손한 인상은 매도자뿐만 아니라 부동산에서도 좋아한다. 부동산 사장님들은 수많은 사람과 만나 거래했기 때문에 작은 행동만 보고도 어떤 사람인지 파악한다. 인격적인 사람에게 더 좋은 물건을 추천하고 싶은 건 누구나 마찬가지다.

매도자 입장에서
매수자와 협상하기

매도자가 원하는 것은 단 하나뿐이다. 집의 가격을 시세보다 비싸게 받는 것이다. 아파트 가격이 상승장일 때, 매도자 우위의 시장에서 좋은 가격에 쉽게 매도할 수 있다. 매도자는 가격이 많이 오른 것 같아서 떨어질까 봐 매도를 결정하지만 한편으로는 '팔고 더 오르면 어쩌지' 하는 생각도 한다. 그런 마음이 함께 있기 때문에 빨리 팔고 싶기도 하면서 비싸게 팔고 싶기도 한 것이다.

그렇다면 매도자는 어떻게 해야 집을 좀 더 비싸게 팔 수 있을까?

처음부터 시세보다 비싸게 내놓는다

물론 터무니없는 가격은 안 된다. 너무 높은 금액으로 내놓으면 부동산 사장님도 아예 손님을 데리고 오지 않는다. 당연히 안 팔릴 거라고 생각하기 때문이다.

시세가 3억 원인데 3억 2,000만 원을 받고 싶다면 3억 3,000만 원에 내놓자. 매수자가 집을 보러 와서 계약을 하고 싶다면 분명히 가격 흥정을 할 것이다. 그때 인심을 쓰듯이 3억 2,000만 원에 해 주겠다고 한다. 매수자는 1,000만 원을 깎은 기분이 든다.

매수자가 오면 집의 장점을 잘 설명한다

시세가 3억 원인데 3억 3,000만 원에 내놓는다면 다른 집에 비해 장점이 있어야 매수자가 사고 싶은 마음이 생긴다. 똑같은 집이 3,000만 원 더 비싸다면 누가 그 집을 사겠는가?

인테리어를 하지 않는 이상 집은 거기서 거기다. 그렇다면 매수자에게 이 집만의 장점을 잘 설명해 주면 좋다. 부동산 중개업자는 이 집에 살아 보지 않았기 때문에 장점과 단점을 정확히 알 수 없다. 들은 내용만 손님에게 전달할 뿐이다. 따라서 부동산 사장님만 의지하지 말고 매수자가 오면 본격적으로 이 집에 대한 브리핑을 집주인, 매도자가 해야 한다.

모델 하우스에 가 본 적 있는가? 모델 하우스에 가면 계약을 성사시키기 위해서 그 지역의 호재부터 아파트 구조까지 하나도 빠짐없이 설명한다. 매수자가 집에 오면 그 정도는 설명할 수 있어야 한다. 3,000만 원을 더 주고서라도 이 집을 선택할 수 있게 말이다.

처음에 매수자와 중개사가 집에 들어오면 공손하게 인사하는 것은 기본이다. 그리고 집 구조를 설명하고 장점을 자세히 설명한다. 다른 집과 크게 다른 것이 없더라도 어떻게 설명하고 말하느냐에 따라 내가 사는 집에 가치가 생긴다.

'여름에 너무 시원합니다.'
'남향이라 해가 하루 종일 들어와 보일러 비용이 적게 듭니다(이때는 난방 고지서나 관리비 내역서를 보여 주면 좋다).'
'윗집이 조용합니다.'
'층간 소음이 없습니다.'

집을 대해 설명해 주고, 아파트에 대한 장점과 지역 호재까지 알려주면 설득력이 높아진다. 없는 내용을 부풀려 설명하는 것은 나중에 부동산에 피해가 갈 수 있기 때문에 삼가야 한다. 보통 집을 보러 오는 사람들에게 '한번 보세요'라고 하고 가만히 지켜만 본다. 그리고 부동산 중개업자가 하는 설명을 같이 듣고만 있다. 부동산에서 설명해 주는 것도 참고할 수 있지만 직접 사는 사람의 이야기는 진실성이 느껴진다.

부동산에 복비를 더 주겠다고 약속한다

시세보다 더 비싸게 아파트를 파는 데는 부동산 사장님의 역할이 크다. 손님을 데려오는 건 부동산이기 때문이다. 집을 내놓을 때 부동산 사장님께 원하는 가격에 팔아 주면 복비를 얼마 더 드리겠다고 약속한다. 부동산에서 아파트를 2채 사고팔아야 받는 복비를 1채만 사고팔아서 받을 수 있다면 다른 물건보다 더 신경 써 줄 확률이 높다. 매도자 입장에서도 복비를 더 주고 몇천만 원을 더 받는 것이 이익이다.

투자 성공을 도와줄
공인 중개사 만나는 법

부동산을 사고파는 데 없어서는 안 될 곳이 중개업소다. 어떤 부동산 중개업소를 만나느냐에 따라 비싼 아파트를 싸게 살 수도 있고, 싼 아파트를 비싸게 살 수도 있다. 그만큼 부동산 중개업소 사장님의 능력과 말 한마디는 아파트 투자를 하는 데 큰 역할을 한다. 특히 부동산 거래를 처음 하거나 낯선 지역에 집을 살 때는 부동산 중개업소에 많이 의지하게 된다. 그러므로 부동산 중개업소를 잘 선택해야 한다.

내 편이 돼 줄 중개업소
중개사를 내 편으로 만들어 놓아야 매도자나 매수자의 정보를 들을 수 있고 협상할 때도 훨씬 수월하다. 보통 낯선 지역의 부동산에 가면 매도자와 중개사가 더 가깝다. 매도자는 그 지역에 오래 살았거나 그 부동산과 거래를 많이 했을 것이다. 이런 상황에서 중개사는 처음 찾아간 매수인보다는 매도인이 더 가깝게 느껴질 것이다. 그런 중개사를 어떻게 내 편으로 만들 수 있을까?

생각해 보면 여태까지는 매도인과 자주 왕래를 했지만 매도인이 집을 팔면 이 지역을 떠나거나 거래가 더는 없을 가능성이 크다. 그렇다면 중개사는 이제 누구와 거래를 자주 하겠는가? 새로운 매수인이다. 매수인이 직접 살다가 매매할 수도 있고 임대를 놓을 수도 있다. 부동산 중개사에게 이 부분을 어필하는 것이다. 중개사에게 단골 고객이 되겠다는 신뢰를 심어 줘야 한다. '이 계약이 잘되면 다른 사람도 소개를 해 주겠다', '사장님께 전월세를 맡기겠다' 등 이제부터 자주 거래하게 될 사람은 '나'라는 인식을 심어 줘야 한다.

매물이 많고 일 잘하는 중개업소

중개업소에 매물이 많다는 것은 그만큼 동네에서 인정받은 곳이라는 뜻이다. 그리고 그 중개사가 일을 잘한다는 뜻이기도 하다. 일을 잘하니까 동네 사람들이 믿고 거래를 하는 것이다. 일을 잘하는 중개사는 매도자와 매수자와의 협상을 잘 이끌어 낸다. 단순히 주택을 사고팔거나 임대만 거래하는 곳이 아니라 부동산의 전체 흐름과 정보, 지역 분석까지도 자세히 알려 주는 중개업소가 있다. 이런 중개업소는 돈이 부족하다고 하면 가격에 맞는 집을 추천하기도 한다. 대출이 안 된다고 하면 대출의 종류를 분석해서 대출받을 수 있는 방법을 제시해 주기도 한다.

단순히 중간에서 소개만 하고 서류 작성만 하는 중개업소보다는 고객을 리드해서 이끌어 가는 중개업소가 좋다. 그런데 나에게 좋은 쪽으로 이끌어 주지 않고 중개 수수료 때문에 원래 알던 집으로 계약을 유도하거나 본인 물건만을 어필하는 중개업소가 있다. 그런 중개업소와는 거래하지 않는 것이 좋다. 본인의 이득을 위한 중개업소보다 손님의 입장에서 계약을 성사시키는 곳이어야 된다.

임대를 몇 월 며칠까지 무조건 그 가격에 맞춰 주겠다고 하고선 세입자를 못 구하고 나몰라라 하는 경우를 조심해야 한다. 최대한 노력해 보고 안 되면 임대 금액을 좀 낮춰야 할 수도 있다며 여지를 주면서 솔직하게 말하는 중개업소가 좋다.

동네에서 오랫동안 운영한 중개업소

동네에서 오랫동안 중개업소를 한 중개사는 몇 동 몇 호가 얼마에 매매됐고 전세가 얼마라는 등 거래 내역뿐만 아니라 어느 집에 아이가 몇이고 숟가락이 몇 개인지도 알 정도다. 그런 중개업소에는 손님보다 동네 아주머니들이 더 많이 왔다 갔다 한다. 그런 곳은 손님이 갑자기 왔을 때 매수하려는 집을 볼 수 없다면 구조가 똑같은 집을 보여 주겠다며 아는 주민에게 전화해 그 집을 보여 준다. 그 지역의 아파트 1층 현관 비밀번호를 모두 아는 건 기본이고 매도자가 왜 매도하려는지 속사정까지 전부 알아서 협상할 때도 도움이 된다.

　매도자에 대한 정보가 많은 중개사를 알고 지내면 급매물도 잡을 수 있다. 매도자들이 급한 사정에 저렴하게 내놓는 매물을 부동산 사이트에 올리기 전에 투자자들에게 먼저 전화를 건다. 이 투자자들은 중개사와 신뢰를 쌓고 친분을 유지했을 가능성이 높다. 매도자들도 급할수록 이 지역에서 오랫동안 거래를 해 오고 잘 알고 지내는 중개업소에 물건을 낼 것이다. 한 지역에서 오랫동안 중개업소를 한 곳이라면 급매물을 잡을 수 있으니 잘 알아둬야 한다.

매수, 매도하려는 물건에 긍정적인 중개업소

　중개업소에 들어가서 '사장님, 저 여기 아파트 매도하려는데요' 하면 어떤 부동산은 '우와 좋은 동호수 갖고 계시네요. 좋은 물건이니까 잘 나갈거예요' 하는 반면에 어떤 부동산은 '이 물건은 이 가격에 택도 없어요. 지금 이 가격에도 안 나가요. 이 아파트는 인기가 없어서요'라고 말한다. 같은 아파트를 두고 다른 시선으로 보는 것이다.

　내가 가진 아파트가 아무리 못났어도 부정적으로 말하는 중개업소와는 거래하고 싶지 않다. 그리고 어떤 물건에 부정적으로 생각하고 말하는 사람은 좋은 손님도 끌어당기지 못한다. 이때는 부정적인 중개업소의 말에 화가 나더라도 내색하지 않는 것이 좋다. '그 집 주인이 이상하다'고 소문낼 수도 있기 때문이다. 그냥 웃으면서 나오면 된다. 중개업소는 많다. 아파트 단지 상가에 반 이상이 중개업소인데 내 물건을 부정적으로 보는 중개사에게 거래를 맡길 필요는 없다. 내 물건의 가치를 인정해 주는 곳이 좋은 중개업소다.

투자도 함께하는 중개사가 좋다

중개 업무만 하는 중개사가 있고 본인도 투자하면서 중개 업무도 하는 중개사가 있다. 이 둘은 아파트를 선택하는 눈이 다르다. 그 지역에서 오랫동안 중개업소를 했었다면 전자도 어떤 집이 인기가 많은지 정도는 알려 줄 수 있다. 하지만 본인도 직접 투자하는 중개사는 투자자의 입장에서 물건을 봐 주기 때문에 우리가 보지 못하고 생각하지 못한 것까지 알려 주거나 추천해 준다.

중개 업무만 하는 중개사는 거래에만 집중한다. 정책이나 대출 문제를 정확히 모를 수도 있다. 하지만 투자를 함께 하는 중개사는 자신도 투자를 하기 때문에 계약을 하기 위해 알아야 할 것들을 자세히 안다. 모르면 잘 아는 사람을 연결해 주기도 한다. 투자했을 때 어떤 집이 수익률이 좋을지도 생각하면서 실거주를 하더라도 나중에 팔기 좋고 더 비싸게 팔릴 아파트를 추천해 준다.

프로 투자자가 되는
중개사 대하기

    중개업소에 가면 내 이야기를 삼가야 한다. 보통 투자자들이 중개사가 자신을 잘 모르는 초보자로 볼까 봐 자기 자랑을 한다. 중개사가 물어보지도 않았는데 집이 몇 채고, 부동산으로 돈을 많이 벌었다는 등 말하고 다닌다. 처음 중개업소에 갈 때는 본인이 아는 정보와 지식을 말하지 않는 것이 좋다. 그래야 중개사가 하는 이야기를 귀담아 들을 수 있다. 중개사가 잘 듣는 모습에 감동해 자기만 아는 정보를 말해 주기도 한다.

    겸손해야 한다는 뜻이다. 겸손한 이에게 뭐든 더 주고 싶은 게 사람 마음이다. 아무리 그 지역을 공부하고 갔을지라도 그 중개사만큼 알 수는 없다. 그 지역 주민들은 왜 여기 살고 있는지, 무엇을 우선적으로 생각하는지, 출퇴근은 어떻게 하는지, 주민들 직업은 어떤지 등 중개사가 가장 많이 안다. 겸손한 태도로 배우고 말과 행동을 해야 중개사도 더 많은 이야기를 해 주고 싶다. 중개사의 말에 경청해야 한다.

거래를 성사하기 위해 애쓰는 중개사를 가만히 지켜보기만 하면 안 된다. 내가 중개 수수료를 지불하니까 당연히 중개사가 해야 하는 일이라고 생각하면 큰 오산이다. 중개사가 가격 협상을 위해 노력하고 있다면 공감해 주고 업무와 관련된 칭찬을 계속 해 주면 나에게 더 신경 써 준다. 그러므로 감사 표시를 해야 한다.

'사장님 힘드시죠? 너무 감사해요.'
'사장님은 제가 본 사장님들 중에 최고시네요.'
'사장님은 안목도 대단하시고 어쩜 그렇게 협상을 잘하세요.'

협상이 잘 안 되거나 계약 성사가 잘 안 될 때는 부동산에 오랜 시간 기다려야 할 때가 있다. 이럴 때는 가만히 앉아서 기다리지만 말고 '사장님 커피 한잔하실래요? 뭐 좋아하세요?' 하면서 근처 카페에서 커피를 사다 드리거나 식사를 못 하고 있다면 요기할 수 있는 빵이나 김밥을 사다 드리면 좋다. 커피 값으로 집값을 더 깎을 수 있다.

전화로 물건을 내놓는 것보다 방문하는 것이 좋다. 부동산을 매수할 때는 집을 봐야 하기 때문에 중개업소를 찾아가는데, 매도할 때는 전화로만 하는 경우가 많다. 본인이 갖고 있는 부동산을 내 편에서 더 좋은 금액으로 매도하려면 중개업소를 직접 찾아가는 게 좋다. 거리가 멀더라도 시간을 어렵게 낸 만큼 좋은 가격에 팔 수 있을 것이다.

지역이 멀면 전화로 매물을 내놓고 거래하는 경우가 많다. 중개업소와 친분이 쌓이면 전화로 안부도 묻고 물건도 거래하면 된다. 하지만 중개업소와 친분을 쌓고 신뢰를 쌓으려면 첫 거래는 전화로 하기보다 직접 찾아가는 게 좋다. 직접 찾아가서 이런 물건을 찾고 있고, 금액은 어느 정도 있다 등 자세히 본인의 상황을 설명하고 얼굴을 익혀야 한다.

거리가 가까운 동네도 마찬가지다. 물건을 내놨는데도 집을 보러 오지 않는다고 포기하는 매도자들이 있다. 부동산에 가서 물건을 내놓고 그 뒤로 연락이나 방문을 한 번도 안 한 것이다. 중개업소도 매물이 많아지면 잊어버리기 쉽다.

중개업소에 자주 찾아가야 한다. 수시로 드나들면서 내 물건을 이 중개업소에 내놨다는 것을 계속 인지시켜야 한다. 지나가는 길에도 '사장님 요즘 시세 어때요? 손님 좀 있어요? 있으면 꼭 저희 집 보여 주세요' 하면서 커피 한 잔 드리고 오면 내 물건을 기억할 뿐 아니라 좋은 가격에 팔아 줄 수 있다. 매도하려는 집을 중개사가 어떻게 설명하고 보여주느냐에 따라 가격이 달라진다.

중개 수수료를 아끼지 말자. 사람들은 부동산 거래를 할 때 중개 수수료를 아까워한다. 왜 그럴까? 집 소개만 하고 중개 수수료를 받는다고 생각하기 때문이다. 일반 사람들이 보기에는 쉽게 돈을 버는 것처럼 보인다. 그래서 중개 수수료를 깎아 달라고 한다. 그러나 중개사 일도 어렵다. 평범한 손님보다 평범하지 않는 손님이 더 많다. 중개사는 물건을 소개하는 일이자 사람을 상대하는 일이다.

계약하겠다고 하고선 계좌까지 받았는데 깜깜무소식인 손님, 내 물건을 싸게 매도했다고 따지는 손님, 본인에게 불리한 계약서를 썼다는 손님, 집을 매수해서 살아 보니 별로라면서 이상한 집을 소개했다는 손님 등 다양한 사람들을 상대해야 한다.

매도자와 매수자의 이야기를 잘 절충해서 협상을 하는 것도 중개사가 할 일이다. 이 스트레스로 잠도 못자는 중개사도 있다. 처음부터 끝까지 중개사가 없으면 아무것도 못 하면서 중개 수수료를 깎아 달라고 한다면 다음 거래에는 중개사에게 도움받을 생각을 말아야 한다.

아파트 거래를 하면서 처음부터 끝까지 본인을 대신해 일해 주는 곳은 부동산 중개업소다. 그렇기 때문에 우리는 좋은 중개업소를 만나야 한다. 좋은 중개업소를 만나는 것도 중요하지만 내가 좋은 손님이 돼야 한다. 나도 중개업소를 평가하지만 중개업소도 나를 평가한다. 예의 바르고 겸손한 행동을 했을 때 중개사로부터 신뢰를 얻을 수 있다.

check point

- 임장 전 해야 할 것들: 지역 커뮤니티와 맘 카페에서 정보 얻기, 인터넷 지도로 관심 지역 살펴보기.

- 임장 잘하는 법: 중개인과의 약속 시간보다 빨리 가서 현장 둘러보기, 첫 임장은 걸어서 하기, 여러 방법으로 목적지까지 가기, 낮에 둘러보기.

- 계약서를 쓸 때 꼭 확인해야 하는 내용
① 등기부 등본에 나와 있는 소유자의 이름과 주민 번호를 확인한다.
② 근저당권 내용을 확인한다.
③ 입금할 때는 꼭 소유자의 통장으로 입금한다.
④ 전세 계약을 하는 임차인은 임대인이 근저당을 말소하는지 꼭 확인한다.
⑤ 계약서를 작성할 때는 인적 사항과 금액을 정확히 살펴본다.
⑥ 특약 사항에는 구두로 합의된 것이라도 내용을 정확히 기재한다.
⑦ 중개 대상물 확인 설명서를 통해 물건의 정보와 내용이 맞는지 확인한다.

- 주택을 매수, 매도하고 내는 세금은 취득세, 재산세, 양도세로 나뉜다. 취득세와 재산세는 금액에 따라 세율이 다르지만 양도세는 보유 기간, 주택 수, 양도 차익 등에 따라 다르게 나오니 집을 매도하기 전에는 신중한 판단이 필요하다. 개인 상황에 따라 절세할 수 있는 방법도 다르다. 그래서

주택을 취득하고 양도할 때는 상담비를 아끼지 말고 꼭 세무사와 상담하길 바란다. 정책과 법에 따라 세금은 항상 변할 수 있으니 지금 상황에 맞는 세법을 확인해야 한다.

- 매도자의 입장에서는 시세보다 더 비싸게 팔고, 매수자의 입장에서 시세보다 더 싸게 살 수 있는 여러 협상 방법이 있다. 부동산 투자도 인간관계다. 사람의 마음을 어떻게 움직이느냐에 따라 가격이 달라질 수 있다. 매수자의 입장에서나, 매도자의 입장에서나 상대방에게 예의를 갖추고 협상에 참여해야 한다. 친절한 태도와 긍정적인 말투로 요구하자. 이런 협상 방법은 임차인과 임대인 사이에서도 적용되니 어떤 상황에서도 현명한 투자자가 되길 바란다.

- 좋은 중개업소: 내 편이 돼 주는 곳, 매물이 많고 일을 잘 하는 곳, 동네에서 오랫동안 중개업소를 해 온 곳, 내 부동산을 긍정적으로 생각해 주는 곳, 같은 투자자로서 물건을 잘 골라 줄 수 있는 곳.

- 좋은 손님이 되는 방법: 중개업소에 가서 내 이야기를 많이 하지 않고 중개사의 말을 경청한다. 중개업소에서 오랜 시간 있거나 거래가 잘 성사되면 커피나 선물을 준비하는 것이 좋다. 전화보다는 얼굴을 보면서 내 물건을 인지시키며 중개 수수료를 깎으려 하지 않아야 한다.

Q&A

Q. 돈이 없는 부린이 주부입니다. 어떻게 투자할 수 있을까요?

A. 정말로 돈이 없는 사람들은 먼저 종잣돈을 만들어야 합니다. 부부가 함께 어디론가 새는 돈이 있는지, 정말 필요한 곳에만 돈을 쓰고 있는지를 확인해야 합니다. 그런데 정말 돈이 없는 사람은 잘 없습니다. 돈을 쌓아 두지 않고 깔고 있죠. 전셋집이나 월셋집에 살고 있다면 전세 자금 대출을 갚고 얼마가 남는지, 자택에 산다면 대출을 갚고 얼마가 남는지 확인해야 합니다. 너무 비싼 집에 살고 있다면 그곳을 떠나 저평가된 지역의 아파트를 사야 합니다.

아파트 투자로 부자 아내 되는 법

나는 남편에게 아파트를 선물했다

ⓒ 이진화 2020

1판 1쇄 2020년 9월 21일
1판 2쇄 2020년 10월 19일

지은이 이진화
펴낸이 유경민 노종한
기획마케팅 1팀 우현권 **2팀** 정세림 현나래 유현재
기획편집 1팀 이현정 임지연 **라이프팀** 박지혜 장보연
책임편집 이현정
디자인 남다희 홍진기
기획관리 차은영
펴낸곳 유노콘텐츠그룹 주식회사
법인등록번호 110111-8138128
주소 서울시 마포구 월드컵로20길 5, 4층
전화 02-323-7763 **팩스** 02-323-7764 **이메일** info@uknowbooks.com

ISBN 979-11-90826-17-4 (03320)